BIBLIOTHEQUE DE CAMPAGNE.

Ce Volume contient :

Lettres Turques, 2ᵉ vol.

Lettres Parisiennes, sur le désir d'être heureux.

BIBLIOTHEQUE DE CAMPAGNE,

OU

LES AMUSEMENS DU CŒUR ET DE L'ESPRIT.

TOME XVII.

A AMSTERDAM,

Et se trouve

A PARIS,

Chez la Veuve DUCHESNE, Libraire, rue S. Jacques, au Temple du Goût.

LETTRES TURQUES DE NEDIM COGGIA,

Sécretaire de l'Ambassade de MEHEMET EFFENDI, *Ambassadeur de la Porte Ottomane à la Cour de France.*

LETTRE PREMIÉRE.

Nedim Coggia au Peik Bachi.

TON emploi t'avoit éloigné pour quelque tems de Constantinople, quand j'en suis parti. Je ne doute pas que tu ne m'ayes cherché à ton retour, & que tu n'ayes été bien inquiet de ne me point trouver, & de ne pouvoir apprendre ce que j'étois devenu. Je n'aurois jamais cru voir le pays des Chrétiens que par les conquêtes de notre invincible Sultan, lorſqu'Ibrahim notre ſublime Viſir, m'ayant fait appeller, me dit qu'il jugeoit à propos que j'accompagnaſſe Mehemet Effendi dans ſon Ambaſſade; prends cette lettre, ajouta-t'il, vas vîte, tu n'as pas un moment à perdre pour le joindre; le vaiſſeau qui doit le paſſer en France, eſt prêt à mettre à la voile.

En effet Mehemet n'étoit déja plus à ſa maiſon; je courus au port; je lui remis la lettre d'Ibrahim, & m'embarquai à l'inſtant même avec lui. Nous n'étions pas à cent mille de Conſtantinople, que nous faillîmes à périr ſur des amas de pierres qui obligent tout Pilote expérimenté de cotoyer l'Europe & de s'éloigner des bords de l'Aſie, entre Gallipoli & Lampſachi. Je me ſers du mot d'amas de pierres, parceque cette eſpéce d'écueil eſt en effet un reſte des débris du pont que Xerxès voulut bâtir en cet endroit, lorſqu'il traverſa la mer avec ſept cent mille combattans pour aller châtier les Grecs Européens. Peu s'en eſt fallu que l'extravagance d'un homme qui vivoit il y a près de deux mille cinq cens ans, ne nous ait été funeſte il y a deux mois. Les vagues & la tempête détruiſirent l'ouvrage de ce Prince inſenſé. Dans ſa colere, il ſit fouetter la mer, & y jetta des fers pour l'enchaîner & la punir de ſon audace.

Il n'y a perſonne qui ne rie de

la vengeance de ce Roi des Perſes ; mais après tout, eſt-il plus ridicule de vouloir corriger la mer de ſes caprices & de ſes mauvais procédés, que de l'épouſer ? Tous les ans, à certain jour le Doge de Veniſe renouvelle la cétémonie de ſon mariage avec elle. Le chef de cette ſage République ſort de ſon Palais en grande pompe, au bruit des tambours & des trompettes, accompagné de la Nobleſſe, du Sénat & du peuple, & ſe rend ſur un rocher où il déclare à haute voix qu'il la reçoit pour ſa vraie & légitime épouſe, en foi de quoi il lui jette l'anneau nuptial. *J'eſpere*, diſoit un de nos Sultans qui n'aimoit pas les Vénitiens, & à qui on contoit cette folie, *que quelque jour j'enverrai le Doge conſommer ſon mariage.*

Quoique nous n'ayons pas eu

de mauvais tems, je ne ſçaurois t'exprimer à quel point la navigation m'a fait ſouffrir. J'en demande pardon au Prophete, mais j'ai débarqué ſur cette terre d'Infideles avec preſqu'autant de plaiſir que ſi j'avois approché des ſaints lieux de la Mecque.

Les voyages ſont agréables dans ce pays-ci ; les voitures y ſont commodes, & les grands chemins bien entretenus. Des campagnes riches, abondantes & peuplées s'offrent de tous côtés. On ne fait gueres quinze milles que l'on ne trouve de grandes Villes. Le ſoir on arrive à de bons logemens. Trois ou quatre eſclaves, quelquefois aſſez jolies, s'empreſſent, vous préparent vos lits, & vous ſervent à table. Je t'avouerai que je crus le premier jour, lorſqu'elles entrerent dans ma chambre, que c'étoit une attention particuliére des principaux de la Ville à tous nos besoins ; notre interprête me désabusa.

Les femmes ne sont point ici obligées d'être voilées, quand elles paroissent en public. Avec des phisionomies qui semblent n'annoncer que le badinage & l'enjouement, elles ont, dit-on, beaucoup de justesse, beaucoup de solidité dans l'esprit, & une délicatesse naturelle de sentiment qui rend leur goût extrêmement fin, & presque toujours assez sûr; aussi leurs maris les chargent-ils ordinairement de solliciter pour eux les graces, les honneurs, les procès, les emplois; ils les croyent propres à s'expliquer à merveille sur toutes sortes d'affaires avec les hommes ; pour avec Dieu, cela est différent ; sans leur dire précisément qu'elles n'auront point de part au Paradis, on ne leur permet de faire leurs prieres que dans une langue qu'elles n'entendent point.

Les lettres qu'on écrit à Mehemet, femblent annoncer quelques changemens dans le Divan; mande-moi ce qui en eft; tu ne dois pas douter de l'intérêt que je prends à tout ce qui peut t'arriver, & de l'impatience avec laquelle j'attends de tes nouvelles. Si tu te rencontres avec quelques François, fais leur amitié en te fouvenant de moi; je fuis affez content de la Nation jufqu'à préfent. Adieu.

LETTRE II.

Nedim au Deli Bachi.

ENfin nous fommes arrivés à Paris. Jufqu'à ce que Mehemet ait fait ſon Entrée, nous habitons dans un Fauxbourg où la plûpart des Dames viennent nous voir & nous font compagnie. On n'a des yeux que pour nous; tant il eſt extraordinaire d'être Turc! On veut ſurtout nous voir manger. Hier, m'étant apperçu que notre garde rebutoit beaucoup de monde, je fus touché du ſenſible déplaiſir qu'auroient tant d'honnêtes gens de ne pas ſçavoir par eux-mêmes que nous mangions; j'allai donc dans la cour, je m'y fis ſervir, je mangeai devant eux, ils me parurent enchantés; je penſai leur offrir de dormir en leur préſence, s'ils étoient curieux de voir comment dort un Muſulman.

Les François ſont prévenans, careſſans, & peu ſéduiſans. On démêle bientôt que leur politeſſe n'eſt qu'un détour de leur amour propre pour vous entretenir de la magnificence de Paris, de la puissance de leur Roi, & de la prétendue supériorité de leur Nation sur toutes les autres. Avez vous vû, me demandent-ils, nos ponts, nos quais, nos places de Vendôme & des Victoires, le vieux Louvre & le jardin des Thuilleries ? Je réponds froidement qu'oui, & que j'ai aussi vû Constantinople ; cela les déconcerte ; or, soit dit entre nous, Constantinople n'est pas plus comparable à Paris, que ne l'est une grande Villasse d'Albanie à Constantinople ; mais j'aime à mortifier les présomptueux.

Presque toutes les Françoises ont de beaux yeux & mettent du rouge ; aussi se ressemblent-elles presque toutes aux lumieres. Dans un spectacle, il est presqu'impossible de distinguer l'une de l'autre;

on ne les reconnoît gueres, m'a-t'on dit, qu'aux hommes qui ſont avec elles; je t'aſſure que ce ne ſont pas leurs maris.

Ici, comme parmi nous, le mari & la femme ont leurs appartemens ſéparés. C'eſt dans l'appartement de Madame que l'on reçoit la compagnie, que l'on joue, que l'on rit, qu'on s'amuſe. Dans celui du pacifique époux, on preſſe les fermiers, on diſpute avec les Créanciers, on emprunte à uſure, & l'on s'intrigue & s'agite pour tâcher de continuer toujours de vivre avec le même faſte.

L'oſtentation fait le fond du caractère de la Nation; on y cherche moins à être heureux qu'à perſuader qu'on l'eſt. Chez les autres peuples un homme ſe ruine, emporté par ſes paſſions; ici parce qu'il eſt vain, parce qu'il eſt fat.

Je me souviens d'avoir lû que parmi les Sauvages, ceux qui se piquent d'être aimables & galans, se font graver sur la peau différentes figures d'oiseaux, de fruits, de fleurs, & d'animaux extraordinaires. L'opération est douloureuse & longue; c'est un travail de près de trois années, en y employant assiduement quatre heures par jour; mais aussi quand l'ouvrage est fini, le patient a l'agrément de posseder pour le reste de ses jours une peau superbe, d'une broderie charmante & qui le distingue infiniment parmi ses compatriotes.

Voilà une sauvage & follé magnificence dont l'étalage coute en vérité trop cher, dira un François, tandis que ce même François sacrifie souvent l'aisance du reste de sa vie, au plaisir de pouvoir briller seulement pendant deux ou trois années par un équipage leſte, des habits de goût, & des bijoux.

Je ne puis encore avoir que des idées vagues & ſuperficielles ſurtout ce que j'aperçois ici de bizarre & d'extraordinaire, mais j'eſpere que dans quelque tems, je ſerai en état de t'envoyer des détails qui, je crois, t'amuſeront.

Penſe que tu as toujours en moi l'ami le plus véritable. Adieu.

LETTRE III.

Nedim au Grand Viſir.

Nous fîmes hier notre entrée dans cette Ville. Différentes compagnies d'hommes avec des habits bleus galonnés en argent, bordoient les rues des deux côtés. Notre marche s'ouvroit par les Grenadiers à Cheval, troupe aussi recommandable par sa piété & la régularité de ses mœurs, que par sa valeur. On m'a dit qu'après une bataille, le feu Roi Louis XIV demandant à un des Chefs de cette Compagnie, où elle étoit, cet Officier lui répondit, *Sire, elle est tuée.* Ce mot exprime bien la défaite entiére d'un corps de braves gens qu'une même vertu, qu'un même esprit, qu'une même bravoure anime.

Nous étions au milieu d'un Régiment * de Cavalerie qui nous faisoit escorte, habillé de rouge avec des paremens de velours noir. Les Cavaliers de ce Régiment, dans les guerres d'Italie, ont mis d'eux-mêmes plusieurs fois pied à terre, & ont chargé

* La Cornette blanche.

comme l'Infanterie, dans des défilés où la Cavalerie ne pouvoit pas ſervir. Notre marche étoit fermée par un Régiment de Dragons.

Après avoir fait près d'une lieue dans cet ordre, nous rencontrâmes à la porte des Jardins du Roi, ſes Gardes à cheval, ſes Gendarmes, ſes Chevaux-Legers, & ſes Mouſquetaires. L'or & l'argent brilloient avec profuſion ſur leurs habits. Ces différentes Compagnies ont pû être taillées en piéces par un ennemi abſolument ſupérieur en nombre ; mais elles ont la réputation de n'avoir jamais plié. Je t'avouerai que dans cet endroit, & à la façade du Louvre, nous ne fumes pas les maîtres de ne point marquer un certain mouvement d'admiration.

Les Gardes à pied étoient en haie le long des Jardins juſqu'au vestibule du Château. Ce sont des hommes grands, bien faits, bien vêtus, & que la jalousie des Soldats des autres Régimens, seroit toujours très prompte à attaquer, s'il leur arrivoit le moindre échec. On m'a dit que la plûpart étoient mariés, mais que dans toutes les autres Villes du Royaume, & dans les Places fortes, on ne souffroit point que le Soldat se mariât, & qu'on tâchoit de le piquer d'honneur, & de l'engager à ne s'attacher qu'à la seule profession des armes. Comme il y a déja quelques années que la France n'est plus en guerre, on s'oppose avec affection à la retraite des vieux militaires ; on les dispense de certain service, on augmente leur paye ; on n'exige pour ainsi dire, d'eux que de mourir au Régiment. Ils y font le récit des siéges & des batailles où ils ſe ſont trouvés ; ils animent & entretiennent parmi les jeunes cet honneur & cet eſprit de corps qui ſe perdroit peut-être inſenſiblement pendant une ſi longue paix, & dans un renouvellement preſque entier de milice.

Pour revenir à notre marche, nous traverſames pluſieurs appartemens, & nous arrivames à l'entrée d'une gallerie où le Roi étoit ſur ſon trône, environné des Grands du Royaume. La beauté des femmes, la magnificence des Courtiſans, les diamans & les pierreries qui éclatoient de tous côtés, me frapperent moins qu'un certain air de liberté qui regne dans cette Cour ; il me me ſembla qu'elle rempliſſoit l'idée que je m'étois toujours faite d'un Monarque entouré des puiſſances qui doivent lui obéir. Le profond abaiſſement où nous ſommes devant nos Sultans, n'annonce qu'un Maître au milieu de ſes eſclaves. Mehemet ſe proſterna la face contre terre, & lui préſenta la Lettre de notre invincible Empereur. Nous revinmes enſuite dans le même ordre au Palais qu'on nous a marqué pour notre logement.

Nous irons aujourd'hui prendre l'audience du Régent, & ſaluer le Miniſtre * chargé des Affaires Etrangeres. Je t'enverrai ſur l'un & ſur l'autre, comme tu m'en as chargé, les détails les plus exacts & les plus circonſtanciés que je pourrai recueillir. Je ſçais déja les principales actions de leurs vies, mais il me manque encore de ces traits caractériſques qui font connoître le fond du cœur & du génie.

Je m'abaiſſe devant toi, digne élu du Chef des Princes.

* L'Abbé Du Bois, depuis Cardinal.

LETTRE IV.

Nedim à Soliman Bassa, Gouverneur d'Alep.

DEUX Religieux sont venus me voir ce matin, & m'ont prié de les aider à détruire un faux bruit que leurs ennemis font courir pour flétrir la réputation de quelques-uns de leurs Peres qui sont dans les Missions du Levant.

On dit que dans la Ville où tu commandes, un Chrétien se sentant près de sa fin, envoya chercher deux Peres........ & qu'après leur avoir fidélement exposé les désordres de sa vie, il leur demanda s'il n'y avoit plus pour lui d'espérance d'aller en Paradis. Ces bons Peres, après s'être retirés quelque temps à l'écart pour consulter ensemble, se raprocherent du malade, lui confierent qu'ils avoient chez eux une banque pour l'expédition de certaines Lettres Divines, signées de leur Fondateur que Dieu chérissoit par dessus tous ses autres élus, & que sur ces lettres de change on donnoit au porteur telle ou telle place en Paradis, selon la somme. Si vous voulez par exemple, ajouterent-ils, être dans le voisinage de la...... qui dans son temps aimoit le plaisir, comme vous paroissez l'avoir aimé, la finance sera considérable; mais si vous n'êtes point trop délicat sur la compagnie, on vous placera auprès de quelque pauvre Anacorette d'une conversation aussi seche que la figure, & il vous en coutera beaucoup moins.

Le mourant qui avoit toujours

aimé ſon bien être, prodigua l'argent aux bons Peres, & l'on ſigna une police par laquelle il ſeroit placé à vûe dans un des plus agréables cantons du Ciel. Nanti de ce paſſeport, il mourut tranquille; mais après ſa mort, ſes enfans plus attachés aux biens de ce monde, que flattés du rang que leur Pere tiendroit dans l'autre, doivent avoir intenté procès aux deux banquiers. Le ſcandale de cette affaire rejailliroit ſur tout l'Ordre. On eſt donc venu me prier d'obtenir de toi un certificat de la fauſſeté de cette calomnie, & comme ces Religieux ont une eſtime toute particuliére pour ton mérite, ils m'ont chargé de te faire tenir une lettre de change, qui n'eſt pas tirée ſur le Paradis, mais de cent ſequins ſur un des plus riches négocians de la nation. Adieu.

Après tout, ces lettres de change ſur le Paradis ſont peut-être bonnes ; car malgré la malignité des libertins contre les Moines, je n'ai pas entendu dire juſqu'à préſent qu'aucune ait été proteſtée.

LETTRE V.

Le Boſtangi Bachi à Nedim, à Paris.

JE te dirai que tous les eſprits ſont ici dans une agitation violente. La diviſion & l'aigreur regnent plus que jamais dans le Serrail. Si la prudence de notre auguſte Sultan n'y met ordre, je crains des événemens funeſtes.

Tu ſçais que les Eunuques blancs & les Eunuques noirs, également entêtés de la garde & de la direction des femmes, ont toujours été animés d'une secrette jalousie les uns contre les autres. Les blancs, par politique, ou peut-être d'un caractère plus doux que leurs adversaires, croyent qu'on doit user d'indulgence envers un sexe fragile, & tâcher de lui rendre le joug le plus leger qu'il est possible. Compatissans aux foiblesses, en condamnant le crime, ils permettent aux femmes de se promener tant qu'elles veulent dans le Serrail, d'écrire au dehors, de s'amuser même d'une galanterie superficielle; & pourvû qu'elles n'ayent pas précisement intention d'offenser le Sultan, & qu'elles soient retenues dans leurs devoirs par la crainte des châtimens, on peut, selon eux, ne pas exiger d'elles un amour absolument déterminé pour leur maître.

Les noirs devenus plus féveres par contradiction, ont auffitôt crié de tous côtés contre une indulgence qui ouvre, difent-ils, la barriere à tous les défordres; ils foutiennent qu'il n'y a point d'action indifférente, & traitant de crime tout ce qui ne fe rapporte pas directement à l'obéiffance & au refpect que l'on doit à fon fouverain, ces gardiens rigides ôtent toute forte de confolation & rendent l'amertume & la terreur, compagnes inféparables de la captivité du Serrail. Ils prétendent furtout, qu'une femme qui n'eft pas fidelle au Sultan par amour, indépendament de toute crainte, eft indigne de vivre.

Tu juges bien qu'un zéle ardent pour la gloire de notre Empereur, n'eft pas la véritable caufe de ces difputes. La haine, l'efprit de cabale & d'intrigue, la concurrence, l'envie de primer & de faire parler de ſoi, échauffent les uns & les autres. Chacun des deux partis veut ſe rendre le plus conſidérable & le plus puiſſant dans le Serrail, pour pouvoir enſuite dominer dans l'Empire. Ils ſe piquent, ils ſe raillent, & ſe vomiſſent réciproquement mille injures atroces; en vérité les infidéles Chrétiens ſeroient plus charitables.

Les Sultanes & la plûpart des jeunes Odaliques, ſont pour les blancs; mais toutes les *Kaduns* * & les éxilées dans le vieux Serrail s'intriguent avec chaleur, & prodiguent même l'argent pour ſoutenir & fortifier le parti des noirs.

Le Surintendant du Serrail a été obligé de dire ſon avis, & s'eſt déclaré pour les blancs. Comme

* *Kaduns*. Gouvernantes qui ont chacune cinq filles du Serrail ſous leur conduite.

il eſt reconnu dans l'Empire pour le Favori du Sultan, & l'interprête ordinaire de ſes volontés, on a cru que ſa déclaration mettroit fin à toutes ces diſputes; mais les noirs, loin de ſe ſoumettre à ſa déciſion, prétendent apréſent qu'on ne doit pas s'en rapporter à lui ſeul, & que ce n'eſt pas la premiére fois qu'il s'eſt trompé ſur les intentions de notre Souverain.

Ainſi la querelle devient plus vive de jour en jour. Un Eunuque noir des plus entêtés, étant mort il y a un mois, ſes camarades lui dreſſerent un tombeau dans le petit jardin; les jeunes femmes du parti des blancs le firent exhumer la nuit; mais les dévotes du vieux Serrail, l'envoyerent prendre auſſi-tôt: on le tranſporta en grande cérémonie dans leur Dôme. Peut-être fera-t'il bientôt des miracles.

Si notre Auguſte Sultan vouloit lui-même s'expliquer ſur ces conteſtations, quoiqu'il doive bien ſçavoir comment il veut être aimé & ſervi, il y auroit encore, je crois, des opiniâtres qui ne paſſeroient pas condamnation, & qui lui ſoutiendroient qu'ils ſçavent mieux que lui la façon dont on doit l'aimer.

Le Surintendant du Serrail voudra peut-être que mes Boſtangis * ſouſcrivent à ſon opinion ; je ne les empêcherai pas ; & ſi les noirs viennent me dire, vous nous condamnez donc ? Je leur répondrai que non.

Mon cher Nedim, il n'y a point de Chapitre du divin Livre qui ne recommande aux Fidéles l'eſprit

* *Boſtangis.* Jardiniers du Serrail.

de douceur & de charité. De pareilles dissensions y sont bien opposées. Elles doivent bien réjouir les Sectateurs d'Ali. Adieu.

LETTRE VI.

Nedim à Alibec, Derviche à Pera.

RIEN ne fait plus d'honneur à nos Imans & à nos Derviches que de n'avoir point supprimé un passage de l'Alcoran, qui ne pouvoit pas manquer de leur causer un préjudice considérable; c'est ce passage par lequel il est expressément deffendu de faire des legs pieux d'un bien injustement acquis ; Dieu ne voulant point que nous lui offrions ce qui ne nous appartient pas. Nos Mosquées qui surpassent de beaucoup celles de Paris, par la grandeur &

la majeſté du Bâtiment, n'ont que des revenus très-modiques. On peut dire que parmi nous la charité envers les Fidéles engage des Miniſtres au Seigneur; peut-être qu'ici, ſi les premiers Chrétiens n'avoient pas été charitables, le ſervice du Seigneur courroit riſque d'être mal fait.

Je ſuis entré ce matin dans un des principaux Temples de cette Ville, pour ſatisfaire ma curioſité ſur les Cérémonies qui s'y pratiquent, & ſur la dévotion des François. J'y ai remarqué, il eſt vrai, des Prêtres qui chantoient, un Autel, & des Lampes; mais je crois que la différence de Religion a empêché qu'on ne m'ait admis dans le véritable lieu où ils rendent leurs hommages à l'Etre Suprême; car, excepté quelques miſérables Eſclaves & quelques gens du petit peuple à qui il convient de s'humilier en quelqu'endroit qu'ils soient, je n'ai vû de tous côtés dans ce Temple qu'hommes & femmes qui entroient d'un air libre & dégagé, qui se saluoient, se parloient, rioient ensemble, assis, de bout, changeant de place & d'attitude à chaque instant; & suivant le mouvement perpétuel de la Nation. Au son d'une petite cloche, tout ce monde s'est mis à genoux, & les conversations ont été interrompues pendant une minutte; aparamment qu'on les avertissoit que Dieu passoit bien vîte, & que dans un moment il ne seroit plus dans le Temple; car on n'a pas tardé à se lever, & chacun a renoué aussi-tôt la conversation avec son voisin.

En examinant plusieurs autres choses dans cette Eglise, j'ai demandé à quoi servoient des espéces d'armoires où plusieurs personnes alloient s'agenouiller aux pieds d'un Prêtre. C'est, m'a dit celui qui me conduisoit, où l'on va se confesser de ses péchés. Eh bon Dieu, ai-je répondu, quelques-uns de vos jeunes gens m'ont-ils choisi pour leur Confesseur ? Ils viennent me confier tous les jours qu'ils ont passé la nuit à table ; qu'une femme leur a donné un rendez-vous ; & que deux ou trois filles sont deshonorées de leur façon.

En vérité, il faut que les François ne croyent point à leur Religion, ils la pratiquent trop mal; je pense qu'ils ne la conservent que faute d'autre. Si le Chef des Ottomans, qui veut bien souffrir tant de Moines Chrétiens dans ses Etats, envoyoit en revanche quelques bons Missionnaires Musulmans prêcher le divin Alcoran dans Paris, je ne doute pas qu'ils n'y fiſſent une abondante moiſſon. Je déſire que ton zéle pour la propagation de notre ſainte Loi appuie auprès de notre Auguſte Empereur le mérite d'une Miſſion que je ſerois charmé de procurer à ces pauvres Infidéles, qui d'ailleurs ont de la docilité, du bon ſens & de l'humanité. Il n'y auroit gueres, je crois, que les femmes qui refuſeroient d'ouvrir les yeux aux céleſtes clartés de la ſainte Doctrine qui nous a été annoncée par le troiſiéme Envoyé de Dieu.

LETTRE VII.

Nedim au Teftedar.

LE Duc d'Orléans au commencement de la Régence, établit une Chambre de Juftice pour rechercher & pourfuivre ces hommes exécrables, qui non contens d'avoir fourni chaque jour, fous le regne du feu Roi, de nouveaux projets de taxes & d'impôts, ofoient encore infulter à la mifére publique en étalant avec infolence le fafte de leurs fortunes immenfes. Plufieurs de ces malheureux, qui font ordinairement des gens de néant, furent convaincus de dépradations, de péculat, & d'ufures énormes; mais à quelles punitions furent-ils condamnés? Quelques-uns furent emprisonnés ; d'autres dépouillés de leurs vols ; aucun ne fut puni de mort.

Il auroit fallu à la tête de ce Tribunal un Mehemet Coprogli. Ayant fait arrêter de pareils scélérats qui avoient ravagé l'Empire par leurs concussions, il mit dans plusieurs * bourses toutes leurs richesses dont il s'étoit saisi, & les étalla dans une salle par où devoit passer le Sultan ; & lorsque ce jeune Prince regardoit avec étonnement tous ces trésors rassemblés, Coprogli leva le tapis qui couvroit une table, & fit voir le spectacle sanglant de vingt têtes qu'on venoit de couper. Ces têtes, dit ce Visir, vomissent le sang de ton peuple qui est dans ces bourses.

Ce trait paroîtroit barbare à la

* *Bourses*. On compte par Bourses. Chacune vaut environ cinq cens écus.

plûpart des François. Eh ! peut-on uſer d'exemples trop rigoureux contre des ſangſues publiques, qui ſe font honneur d'avoir un cœur d'airain, & qui joignant l'oppreſſion des frais à celle de la taxe, ont ſouvent réduit à la plus extrême miſere un pere infortuné, l'unique ſoutien d'une honnête & nombreuſe famille qu'il faiſoit ſubſiſter par ſon petit commerce. Notre Juſtice eſt prompte & ſévere, & jamais, parmi nous, le concuſſionnaire ne trouvera dans ſes larcins l'amniſtie de ſes crimes.

LETTRE VIII.

Nedim à Alibec, Derviche à Pera.

JE m'entretenois cés jours passés aux Thuilleries avec deux ... qui s'étoient assis sur le même banc que moi. Un Page désœuvré vint se placer familiérement entr'eux. Qu'avez-vous dans ce sac, leur demanda-t'il ? La provision du Couvent, lui répondirent-ils, nous ne vivons que de charités. De charités? N'avez-vous point de honte, leur répliqua cet impertinent, grands & forts comme vous l'êtes, de ne pas gagner votre vie ? Il accompagna ce beau propos de je ne sçais quelle niche, dont l'un de ces deux Religieux ne se fut pas plûtôt apperçu, que le rouge lui monta au visage, ses yeux s'enflammerent, sa barbe se pointa, & dans sa colere il ne ménagea pas ses expressions. Ah! ah! des injures dans la bouche de votre Révérence, dit le Page avec gravité; où est donc la patience évangélique? Vous voulez railler, petit freluquet, s'écria l'Anacorette en fureur, sçachez que je suis peut être né meilleur Gentilhomme que vous. Quoi, reprit mon effronté, de l'orgueil aussi! où est l'humilité chrétienne? Le.... s'échauffoit de plus en plus, & je voyois le moment que des invectives & des railleries on alloit en venir aux mains, quand l'autre Révérence se mit entre les deux champions. Mon enfant, dit-elle au Page, vous devriez respecter des personnes qui ont tout abandonné pour se retirer du monde & se renfermer dans des cloîtres.....

Qu'appellez-vous ſe renfermer, interrompit cet étourdi ? Vous vous renfermez la nuit comme moi ; voudriez-vous coucher dans la rue ? Car pour le jour, on ne voit que vous ; vous tâchez de vous introduire dans toutes les maiſons, vous en faites les affaires ; vous placez les domeſtiques ; vous ſollicitez les procès ; vous mariez les filles ; vous conſolez les veuves ; un petit-maître hors de condition, & qui cherche une nouvelle bonne fortune, ne ſe multiplie pas plus que vous autres reclus ; mais, ajouta-t'il, le raiſonnement n'eſt pas mon fort ; j'étois venu pour badiner avec vous ; le jeu ne vous plaît pas ; je prendrai mieux mon tems une autrefois ; au revoir.

Quel pays ! mon Alibec, quel pays, où l'on oſe dire de pareilles impertinences à de pieux & vénérables perſonnages !

LETTRE IX.

Nedim au Prédicateur du Grand Seigneur.

ARISTOTE que tu réveres tant, eſt paſſé de mode dans ce pays-ci ; les viſions d'un Gentilhomme François nommé Deſcartes, ſe ſont emparées de tous les eſprits. Ce nouveau Philoſophe s'eſt donné bien de la peine ; mais auſſi a-t'il fait de beaux changemens dans l'Univers !

La neige n'eſt point blanche ; le jaſmin n'a point d'odeur ; le feu n'eſt pas chaud, & le lait en lui-même n'a pas plus de douceur que l'eau. Enfin tout ce que nous appellons qualités ſenſibles, n'exiſte plus dans les objets ; elles ne ſont que des modifications de notre ame, c'eſt-à-dire, de ſimples penſées qu'occaſionnent en nous les corps qui nous environnent.

Tu vois bien que toute vieille femme qui met du blanc & du rouge, doit être carteſienne. La beauté qui nous paroît la plus naturelle, ne lui peut rien reprocher ſur ſes appas empruntés, puiſque les couleurs ne ſont que dans notre ame, & que ce n'eſt que par une fauſſe imagination que nous croyons que les objets en ſont revêtus.

Mais aurois-tu jamais penſé que les bêtes ne ſont que de pures machines, ſans connoiſſance & ſans ſentiment, incapables également de douleur & de plaiſir? C'eſt l'opinion favorite de Deſcartes, & ſuivant ſon ſyſtême un bon Muſulman qui fait une fondation * en faveur de quelques animaux

* Il y a beaucoup de ces Fondations en Tur-

dont il affectionne l'espéce, n'est pas plus charitable dans le fond, que s'il laissoit une somme pour tenir en bon état & regler quatre ou cinq pendules.

Tu juges bien qu'avec ces idées, Descartes ne croît pas qu'il y ait des bêtes en Paradis. Le divin Alcoran n'a point éclairé sa raison. Cet Infidéle sera bien surpris lorsque du fond de l'abîme où il sera précipité au jour du Jugement dernier, il verra le chameau du Prophéte se placer à la droite, & monter parmi les Elûs dans les lieux de délices qui leur sont destinés de toute éternité. Il reconnoîtra alors, mais trop tard, l'inutilité de son beau génie, de sa science & de ses méditations. A quoi me sert à présent, dira-t'il,

quie, & ces fonds sont à peu près comme les fonds des gens de Main-morte parmi les Chrétiens; on ne peut les aliéner.

d'avoir brillé ſur la terre ? Ce bon chameau a peut-être vêcu malheureux & mépriſé ; il ne s'eſt piqué que de porter ſon maître & d'aller ſon droit chemin, il en a la récompenſe dans ce jour.

Un fameux Prédicateur comme toi peut tirer de-là de belles comparaiſons pour conſoler ceux que la médiocrité de leur état & de leurs lumieres, expoſe à la riſée des mondains.

Souviens-toi de moi dans tes ſaintes prieres. Adieu.

LETTRE X.

Nedim à Alibec, Derviche à Pera.

JE t'avois écrit que j'aurois été charmé que notre Sultan envoyât quelques bons Miſſionnaires Muſulmans dans ce pays-ci ; à présent que je connois un peu mieux la nation, je pense que cela feroit inutile. Loin de trouver dans les esprits de la disposition à recevoir notre sainte Loi, je remarque tous les jours que ces Infidéles voudroient m'entraîner dans la leur. Ils n'ont aucun respect pour le Prophéte ; plusieurs articles de notre croyance leur paroissent absurdes & ridicules, & quand je leur dis que pour comprendre certaines vérités, notre entendement a besoin d'être éclairé de l'esprit de Dieu, & que l'on obtient cette grace par la priere, sans doute, me répondent-ils, „ mettez-vous en „ prieres, & vous mériterez que „ Dieu applanisse, & rende ac„ cessibles à votre raison ces su„ blimes Misteres du Christianis„ me dont elle paroît si révoltée.

Mon cher Alibec, chacun dans

ſa Religion ſe flatte de battre en ruine les autres Religions par les contradictions & les impoſſibilités qu'il croit y remarquer, ſans penſer que dans la ſienne il y a de pareilles contradictions & de pareilles impoſſibilités apparentes, auxquelles il eſt bien difficile que la raiſon puiſſe ſe prêter, ſi elle n'y a pas été accoutumée par les préjugés de l'enfance. Comment les hommes s'accorderoient-ils ſur des Dogmes incompréhenſibles de Foi, lorſqu'ils ne conviennent pas même entr'eux des points les plus ſimples de bienſéance & de morale?

Parmi les Chrétiens comme parmi nous, l'humilité eſt une des principales vertus monaſtiques. Chez les Indiens, un homme de la plus baſſe naiſſance, dès qu'il eſt reçû Faquir, croit ſa perſonne ſacrée & bien plus reſpectable que celle d'un Noble, d'un Guerrier, & d'un Juge; il prend la premiere place partout où il se trouve, & s'il daigne aller voir ses pauvres parens, il a l'effronterie de se laisser servir à table par son pere & par ses freres, à qui il fait entendre que le respect qu'ils doivent à son caractère ne leur permet pas de s'asseoir à ses côtés. Il exerce son métier de mendiant avec hauteur & fierté, parce que, selon lui, il ne seroit pas convenable, lorsqu'on demande au nom des Dieux, d'avoir l'air & le ton suppliant. *Viens, approche, donne-moi l'aumône*, dit-il à un passant, & lorsqu'on la lui a donnée : *Vas, je suis content de toi, je te recommanderai à Vistnou.* *

Les Guebres prétendent qu'on fait injure à la Providence, en

* *Vistnou.* Un des principaux Dieux des Indiens.

voulant étouffer en ſoi ce deſir naturel, agréable & utile, qui porte à procréer ſon ſemblable ; que le goût pour la retraite, les longues prieres & le célibat, ne naît que d'un cœur pareſſeux, fainéant, ennemi du travail, & qui craint les embarras du monde ; & qu'enfin, labourer un champ, planter un arbre, & faire un enfant, ſont les trois actions de l'homme qui plaiſent le plus à la Divinité. Les Chrétiens ſoutiennent au contraire que prier ſans ceſſe, vivre dans la retraite & le célibat, conſtituent l'état de perfection ſur la terre.

Ces mêmes Chrétiens condamnent la polygamie comme une impureté abominable, ſans conſiderer que c'eſt accuſer de mauvaiſes mœurs Abraham, Jacob, David, Salomon, & tant d'autres ſaints perſonnages.

Mahomet qui n'a point prétendu nous donner une nouvelle loi, & qui n'a cherché, comme il le répete ſouvent dans l'Alcoran, qu'à nous ramener à la Loi primitive, à cette Loi révélée par Dieu même aux anciens Patriarches, Mahomet, dis-je, s'eſt permis à leur exemple, & nous permet la pluralité des femmes ; un Muſulman peut en avoir quatre, & des eſclaves. Chez les Malabares, une femme peut avoir cinq maris, dont chacun, ſelon ſon moyen, contribue de quelque choſe à ſon entretien ; les enfans ſont toujours de la tribu de la mere ; on ne les regarde point du côté du pere.

Non-ſeulement chaque Religion peint ſa morale des plus belles couleurs, & tâche de noircir & de ridiculiſer la morale qui lui eſt oppoſée; mais la malignité humaine nous aveugle quelquefois au point de reprendre dans les autres une faute que nous commettons dans le moment même que nous la reprenons. Hier je dînois chez une personne de distinction ; tous les convives étoient fort surpris que je busse du vin, & ne l'étoient point de manger gras, quoique leur Ramedan soit commencé. Une espéce d'Iman, frais, vermeil, rondelet & potelé, tenant entre deux doigts une aîle de perdrix, me demanda d'un air étonné, si l'Alcoran ne nous deffendoit pas l'usage du vin. Je me contentai de lui répondre, en bûvant à sa santé, qu'il me faisoit bien de l'honneur de m'avoir cru plus religieux que lui.

Adieu, mon Alibec. Plaignons l'aveuglement où sont plongées la plûpart des Nations, & remercions sans cesse Dieu de nous avoir appellés à son vrai culte.

LETTRE XI.

Nedim à Soliman Chelebi.

ON parloit hier dans une maiſon où j'étois, des grandes Charges de notre Empire, & la converſation tomba inſenſiblement ſur notre Capitan Baſſa, & ſur la facilité que lui donne ſon emploi pour avoir les plus belles femmes de l'Europe & de l'Aſie. Je dis qu'il étoit brave, vigilant, actif, infatigable, & uniquement occupé, à la mer, des occaſions de ſe ſignaler; mais qu'auſſi, dès qu'il étoit rentré dans le port, il tâchoit de ſe dédommager de ſes peines & de ſes travaux dans le ſein des plaiſirs & de la volupté la plus recherchée. Il ſe plaît, ajoûtai-je, à ſe promener ſur un canal

canal renfermé dans l'enceinte de ſes vaſtes & ſuperbes jardins ; il a fait conſtruire avec art une petite galere ; elle eſt peinte en or & en azur ; les voiles ſont de ſatin couleur de pourpre ; ſur des couſſins remplis des odeurs les plus agréables & qui parfument l'air au moindre mouvement, ſont aſſiſes dix ou douze jeunes eſclaves qui n'ont d'autre habit que celui des graces; elles tiennent dans leurs mains des rames légeres, dont elles agitent avec enjouement la ſurface de l'eau. Le voluptueux Baſſa conſidére toutes les beautés que les différentes attitudes découvrent à ſes regards avides, & ſouvent ſes deſirs partagés ont de la peine à ſe réunir en faveur d'un ſeul objet.

Voilà, interrompit une perſonne de la compagnie, une partie

de débauche aſſez curieuſement imaginée, très-propre à éblouir & même à ſatisfaire les ſens; mais qui n'auroit rien de piquant pour un homme véritablement délicat; car ce ne ſont après tout que des eſclaves, belles à la vérité, mais qui loin d'aimer, haïſſent peut-être celui qui les poſſede; les vrais plaiſirs ont leur ſource dans l'union des cœurs.

Je ne me ſuis jamais piqué, répondis-je, d'entendre le galimathias du cœur; mais je ſçais très-certainement que l'indifférence & l'inſenſibilité de ces eſclaves pour leur maître, n'empêchent pas qu'elles n'ayent de beaux yeux, la bouche vermeille, un teint de lys & de roſes, la taille bien priſe, la jambe bien faite, la peau fine, & la gorge charmante. Quoi, parce qu'une fleur eſt inſenſible au plaiſir qu'elle me cauſe, je n'en aurai point à la voir & à la cueillir ? L'engagement du cœur d'un Muſulman n'eſt qu'avec la beauté, rarement avec la perſonne ; il n'eſt ni foibleſſe, ni ſentiment ; c'eſt un beſoin de l'ame ; le deſir de plaire en fait ſouvent chez vous un égarement de l'eſprit. Nous ne nous ſoucions point d'être aimés. Ces ardeurs mutuelles, ſi délicates & tant vantées, entraînent ordinairement de la jalouſie, des reproches, de l'humeur, des fantaiſies & des caprices que nous n'aurions pas pour agréable d'eſſuyer. Nous voulons même que nos femmes ſoient très-perſuadées qu'il n'y a point de proportion entre leur cœur & le nôtre, & que notre bonté & nos beſoins peuvent ſeuls les élever juſqu'à nous. Il nous ſuffit qu'elles ſoient ſoumiſes, obéiſſantes, attentives à nous plaire, & reſpectueuſes, quand nous les appellons à nos plaiſirs. . . . Une jeune Dame auprès de qui j'étois aſſis, & que je voyois pétiller à chaque parole que je prononçois, fut ſi révoltée de ces derniers mots, qu'elle ſe leva avec vivacité; elle me dit preſque des injures, & dans ſa colere, elle ne parloit pas de moins, que de prêcher dans Paris une Croiſade de femmes pour aller délivrer toutes celles du Serrail.

Tu as demeuré long-tems dans ce pays-ci; tu connois, mon cher Soliman, les mœurs de la Nation, & ce qu'on y appelle aimer. N'eſt-il pas plaiſant que cette Dame s'échauffe & maudiſſe tous les Sectateurs du Prophéte, en apprenant qu'ils n'ont dans leurs amours que leur propre satisfaction pour objet ? La passion d'un François est-elle plus désintéressée, plus détachée de lui-même ? Non ordinairement, c'est moins la possession que le triomphe d'un cœur, qu'il recherche ; sa prétendue délicatesse n'est qu'un rafinement de l'amour propre. Il s'embarrasse avec plaisir dans les difficultés d'une conquête ; l'orgueil & la vanité l'animent; il veut l'emporter sur ses rivaux, & obtenir une préférence qu'il regarde comme une nouvelle preuve de son mérite. Dès que sa vanité est satisfaite, son amour languit, & bientôt l'indiscrétion, les airs avantageux & la perfidie, découvrent à une amante trop crédule l'indigne vainqueur qu'elle s'est donné.

LETTRE XII.

Nedim à Alibec, Derviche à Pera.

NOus raiſonnons ſouvent, notre Iman & moi, ſur les différentes Religions qui partagent le monde, & je remarque toujours que les hommes n'ont jamais eu d'opinions plus extravagantes, que lorſqu'ils ont voulu mêler leurs idées avec celles que Dieu leur a communiquées par la bouche de ſes saints Prophétes.

L'Iſle d'Eſca dans la mer noire eſt habitée par une Secte de Mahométans, qui reconnoît un ſeul Dieu, créateur de toutes choſes, & Mahomet pour ſon Envoyé. L'homme, diſent-ils, doit dans cette vie, qui n'est qu'un passage, s'entretenir uniquement de l'idée de Dieu, éviter les distractions qui l'affoiblissent, & tâcher surtout de détruire les passions, qui seules ont introduit le mal sur la terre.

Cela est bien jusques-là. Mais pour parvenir à cet état d'impassibilité, & pour déraciner de leurs cœurs toute semence de jalousie d'ambition, d'avarice & d'amour, croirois-tu qu'ils ont imaginé de ne posseder rien en propre, & d'avoir tout en commun, même les femmes ?

Un homme en allant le soir dans ces especes de cloîtres qu'elles habitent, commettroit un grand peché, s'il pensoit à se trouver avec l'une plûtôt qu'avec l'autre ; ce seroit une preuve que son esprit se seroit occupé délicieuſement d'un objet terreſtre & périſſable. Il doit, en bonne regle, fermer les yeux, marcher ſans idée, & ſe coucher ſans choix dans le premier lit où le hazard le conduit.

Ceux mêmes qui ſe croyent parvenus à un plus haut dégré de perfection, récitent des Chapitres de l'Alcoran, entonnent des Cantiques, & ſe piquent de n'avoir aucunes diſtractions dans leurs prieres, quoiqu'ils ayent quelquefois deux jeunes filles fort jolies à leurs côtés.

Je pourrois te rapporter cent autres extravagances de ces Miſtiques, dont l'impertinente République a été aſſez floriſſante pendant près de trois ſiècles. Un jeune homme nommé *Celeb*, y cauſa il y a cinquante ans, une révolution qui l'a fort affoiblie.

Il étoit amoureux, & tendrement aimé de la jeune *Seneléen*; c'étoit le nom d'une de ſes compatriottes. Ils ſe cherchoient ſans ceſſe, n'avoient de plaiſir que lorſqu'ils étoient enſemble, & ne voyoient & ne regardoient qu'eux partout où ils ſe trouvoient. On s'apperçut bientôt de cet amour mutuel, & de la préférence qu'ils ſe donnoient l'un à l'autre ſur le reſte de la Nation. L'Ancien les avertit pluſieurs fois du ſcandale qu'ils cauſoient, & las de voir que ſes remontrances étoient inutiles, il condamna *Seneléen* à un mois de *Kioſte*.

Le *Kioſte* eſt un lieu où l'on renferme toute fille convaincue de s'être laiſſée prévenir d'une inclination particuliere pour quelqu'un de la Nation, & qui, par ruſe ou autrement, a évité de ſe trouver la nuit dans les cloîtres avec d'autres que ſon amant. L'Ancien tire tous les ſoirs au ſort les noms de cinq jeunes hommes, qui vont paſſer la nuit avec la coupable, & qui ſe font un point d'honneur de lui prouver que l'amour de ſentiment eſt une chimere du cœur, dont les ſens ſont toujours la dupe. Au bout du mois, ſi elle ne paroît pas bien revenue de ſes délicates erreurs de prédilection, on prolonge le tems de ſa pénitence.

Quel fut le déſeſpoir de *Celeb*, en apprenant ce rigoureux arrêt! Il court chez pluſieurs de ſes amis, qui pouvoient ſe trouver dans le même cas que lui, leur parle, les engage à s'aſſembler, & leur ayant vivement repréſenté que leurs maîtreſſes ſeroient peut-être bientôt expoſées au même ſuplice qu'on veut faire ſubir à la ſienne, il les anime ſi bien, qu'ils s'offrent unanimement à le ſuivre, & à le ſeconder dans tout ce qu'il entreprendra. *Seneléen* tremblante pour les jours de ſon amant, veut envain l'arrêter. » Où courez-vous, ,, mon cher *Celeb*, lui dit-elle ? ,, J'aimerois mieux reſter ſix mois ,, dans le *Kioſte* que d'être cauſe ,, qu'il vous arrivât le moindre ,, malheur. Il faut prendre patien- ,, ce, & céder à la force. « Il n'écoute que ſa jalouſie & ſa fureur. On déploye l'étendard de la révolte. L'Ancien, inſtruit de ce tumulte, arrive bien accompagné pour le diſſiper dans ſes commencemens. On s'attaque réciproquement : les uns étoient animés par l'amour, les autres par un zéle de Religion. L'un & l'autre parti groſſiſſoit à chaque inſtant,

& cette Nation se seroit infailliblement détruite elle-même, si les femmes ne se fussent jettées entre les combattans. On proposa une tréve, & après bien des pour parlers, la paix fut signée. On partagea l'Isle ; *Celeb* & ses amis emmenerent les femmes qui voulurent les suivre, du côté qui leur étoit échu par le sort. L'Ancien, très-honnête-homme, très-devot, mais mauvais politique, regarda comme un bonheur pour la Nation de n'avoir plus dans son sein une troupe d'impies qui abandonnoient la Religion de leurs ancêtres, & entonna un Cantique au Seigneur en action de graces.

LETTRE XIII.

Nedim au Grand Visir.

LE Duc d'Orléans, dont tu veux que je te parle, devenu Régent du Royaume à la mort de Louis XIV, commença par ordonner qu'on ouvrit les prisons à tous ceux que la calomnie, la haine de parti, ou le malheur d'avoir déplu à la moindre des créatures d'un homme en crédit, y avoient fait mettre. Parmi tant de personnes qui venoient remercier leur Libérateur & se jetter à ses pieds, il se présenta un vieillard d'une phisionomie noble, & qui surprit tout le monde par la priere qu'il fit à ce Prince.

„Monseigneur, lui dit-il, j'ai

„ été enfermé à la Baſtille à l'âge „ de vingt ans ; j'y ai gémi pendant près de quarante & cinq „ années dans un cachot, ſans „ avoir jamais été interrogé ſur le „ crime qu'on m'imputoit, ſans „ pouvoir le ſoupçonner, & „ n'ayant jamais pû donner de mes „ nouvelles à mes parens ou à „ mes amis. Les yeux encore éblouis du jour que vous m'avez „ rendu, je viens de chercher „ dans Paris, que je ne reconnois „ plus, la rue, la maiſon où je „ ſuis né, & s'il vivoit encore „ quelques perſonnes de ma famille ; je n'ai rien retrouvé. Je „ ſuis au milieu de ma Patrie comme un étranger qu'une puiſſance inviſible auroit transporté „ tout à coup dans une terre inconnue. Souffrez, Monſeigneur, que je me remette à la

„ Baſtille. Je dois être accoutu-
„ mé à la priſon ; j'y finirai un reſ-
„ te de jours malheureux que du
„ moins la faim n'y aſſiégera pas.
„ Vous pouvez y retourner quand
„ vous voudrez, répondit le Duc
„ d'Orléans, le Gouverneur vous
„ donnera ſa table ; vous y aurez
„ un logement commode ; vous
„ pourrez ſortir & rentrer auſſi li-
„ brement que ſi vous étiez dans
„ votre maiſon, & je vous accor-
„ de mille écus de penſion ſur ma
„ caſſette.

Voilà de ces traits qu'on doit plus louer dans la vie des Grands Hommes, que le gain d'une bataille. Le Duc d'Orléans, avec l'ame la plus ferme & la plus intrépide, eſt doux, bon, facile même, & incapable de haine & de vengeance. Jamais Prince n'a été plus affable, & n'a tant aimé à obliger. Il eſt embarraſſant pour lui de refuſer; auſſi prétend-on que ſon caractère bienfaiſant le jette quelquefois dans l'inconvénient d'accorder des graces trop aiſément, & d'être enſuite obligé de manquer à ſa parole. Il raille agréablement, & ſe plaît à laiſſer jouir ceux qui l'approchent d'une liberté qui l'amuſe. La facilité de ſon eſprit à revenir ſur l'objet qu'il veut examiner, eſt inconcevable; rien ne le trouble, rien ne l'interrompt, & ſouvent au milieu de ſes Maîtreſſes & de ſes Favoris, ſans paroître occupé, il réunit dans ſa tête toutes les parties d'un projet important. L'étendue & la ſupériorité de ſes lumiéres lui rendent le travail ſi aiſé, que ſon imagination, loin de paroître amais fatiguée des détails continus du Gouvernement, brille &

badine même, en discutant les affaires les plus difficiles.

En 1691, âgé de dix-sept ans, il fit sa premiere campagne sous le Maréchal de Luxembourg, & se trouva à l'affaire de Leuze * où la Cavalerie des ennemis fut entiérement défaite. En 1692, à la Bataille de Steinkerque, tâchant de rallier la Brigade de Bourbonnois qui plioit, il fut blessé. Après s'être fait penser légérement, il retourna au plus fort du combat, se mit à la tête de la Brigade des Gardes, marcha aux ennemis sans tirer, & les chassa, la bayonnette au bout du fusil, d'une hauteur dont ils s'étoient emparés.

Il ne donna pas de moindres marques de sa valeur à Nerwinde,

* Il commandoit la Cavalerie.

où l'Armée Françoiſe couroit riſque d'être battue, s'il n'eût connu cet inſtant qui décide preſque toûjours d'une action. Il fit promptement paſſer le retranchement à ſa Cavalerie, enfonça les deux premiéres lignes de celle des ennemis; à la troiſiéme, il fut repouſſé & même en danger d'être pris; mais ayant tué d'un coup d'épée un de ceux qui le pourſuivoient le plus vivement, il regagna ſa ligne, la remit en ordre, chargea de nouveau les ennemis, & les rompit entiérement.

Des actions ſi brillantes à un âge où les autres hommes n'ont ordinairement encore que de l'ardeur & du courage, ce coup d'œil ſûr, cette promptitude à prendre ſon parti dans un combat, & un raiſonnement toujours juſte dans les conſeils, le firent bientôt regarder comme un Prince né avec des talens supérieurs pour la guerre, & sa réputation pensa lui acquerir un Trône par l'estime qu'avoit conçûe pour lui Charles II. Roi d'Espagne ; ce Monarque inclina long-tems à le choisir pour son successeur. Mais enfin ayant nommé le Duc d'Anjou, & la guerre s'étant rallumée dans toute l'Europe, le Duc d'Orléans, toujours avide de gloire, ne balança pas à en chercher jusques dans les occasions qui affermissoient sur la tête d'un autre une Couronne dont on l'avoit flatté.

En 1706, Louis XIV. le nomma pour commander en Italie. L'Armée que le Duc de Vendôme lui remit près de Milan, étant en trop mauvais état pour qu'il pût, avec ces seules troupes, empêcher le Prince Eugene de passer le Mincio, il envoya demander un renfort de dix-huit Bataillons & de quatorze Escadrons à la Feuillade, qui les refusa d'abord, & qui ne les détacha ensuite que lorsqu'il n'en étoit plus tems. Le Prince Eugene passa, gagna un jour de marche, & fit sa jonction avec le Duc de Savoye le même jour que le Duc d'Orléans, qui n'avoit pû l'atteindre, joignit la Feuillade devant Turin. „ Je vous ferai ressentir (lui „ dit ce Prince en arrivant) la fau„ te que vous avez faite en ne „ m'envoyant pas le renfort que „ je vous demandois ; mais je ne „ dois dans ce moment-ci m'oc„ cuper que des moyens de la ré„ parer. Le siége tireroit infailli„ blement en longueur si nous „ nous laissions enfermer dans nos „ lignes ; il faut donc en sortir à

„ l'inſtant, marcher promptement „ à l'ennemi, le combattre à me-„ ſure qu'il défile ; nous culbute-„ rons aiſément des Eſcadrons qui „ ne pourront ſe former, & la vi-„ ctoire nous aſſurera la priſe de „ Turin.

Tous les Officiers expérimentés applaudiſſoient à cette réſolution; la Feuillade & Marcin s'y opposerent, & ce dernier montra un ordre ſecret du Roi, par lequel, en cas d'action, on devoit déférer à ſon avis.

Le lendemain le Prince Eugene & le Duc de Savoye attaquerent les lignes; le Duc d'Orléans qui n'avoit pas été le maître d'agir en Général, combattit en Soldat; il fut bleſſé d'un coup de ſabre à l'épaule, & d'un coup de bayonnette dans le côté. On leva le ſiége de Turin, & dans un jour les François perdirent toute l'Italie.

La Ducheſſe Douairiere d'Orléans, Princeſſe haute & fiere, ſe plaignit amérement à Louis XIV du mépris qu'on avoit marqué pour ſon fils, & de la façon indigne dont on l'avoit ſacrifié. Louis XIV tâcha d'adoucir cette mere irritée, en l'aſſurant qu'elle connoîtroit bientôt toute l'amitié & toute l'eſtime qu'il avoit pour ſon neveu.

En effet, il l'envoya l'année ſuivante au ſecours de Philippe V, dont les affaires étoient en très-mauvais état. Il avoit été obligé d'abandonner ſa Capitale, & s'étoit même approché des Frontieres de France. Le Duc d'Orléans prit le commandement de l'Armée, reconquit le Royaume de Valence, entra dans l'Arragon, assiégea Sarragosse, qui se rendit à discrétion, & marchant ensuite du côté de Lerida, il passa la Segre pour attaquer les ennemis qui étoient campés à une demie lieue de cette Ville. Le Comte de Gallouvay qui les commandoit, évita le combat, & décampa la nuit assez en désordre: Lerida fut emporté d'assaut, & la conquête de cette Place fit d'autant plus d'honneur au Duc d'Orléans, que le Grand Condé l'avoit autrefois assiégée & ne l'avoit pû prendre.

Il ouvrit la Campagne suivante par envoyer dans la plaine de Tortose des détachemens qui couperent aux rebelles la communication avec la Mer, & les secours qu'ils recevoient de la Flotte des Alliés. Ayant ensuite rassemblé le gros de son Armée, il pouſſa ſes travaux devant cette Ville malgré la difficulté du terrain, & la réduiſit en vingt jours.

Ces ſuccès étoient d'autant plus glorieux, que ce Prince avoit non-ſeulement à combattre les Ennemis, mais encore les intrigues de la Cour qu'il étoit venu ſecourir. On laiſſoit ſouvent manquer ſon Armée des choſes les plus néceſſaires. La Princeſſe des Urſins le traverſoit en toute occaſion, & n'épargnoit rien pour le rendre ſuſpect à Philippe V. Les moyens qu'elle employa pour tâcher de découvrir les reſſorts cachés, & les principaux complices de la prétendue conſpiration dont elle l'accuſoit, furent dignes d'une femme de ſon caractére.

Elle avoit depuis quelque tems à ſon ſervice une jeune Italienne, qui

qui joignoit à la beauté la plus riante, un esprit fin, rusé, & d'autant plus adroit, qu'elle sçavoit le cacher sous les dehors naïfs de l'enjouement & de la gaieté. Cette fille lui parut propre à lier une intrigue avec le Duc d'Orléans, qu'on attira très-aisément à un rendez-vous; car quoique la jalousie rende les assassinats assez communs en Espagne, il ne faisoit pas plus de refléxion au péril, quand il s'agissoit de ses plaisirs, que lorsqu'il falloit courir à la gloire.

L'Italienne le charma; les pierreries dont elle étoit parée, les précautions mistérieuses avec lesquelles on avoit envoyé le prendre, la magnificence de l'appartement où il se trouvoit, tout contribuoit à donner à ce Prince les idées les plus flatteuses. On ne combattit ſes deſirs que pour mieux les irriter. On feignit du trouble, de l'inquiétude, & de craindre à chaque inſtant d'être ſurpriſe. On lui dit qu'on aimoit mieux aller chez lui aux heures qu'on pourroit s'échapper, & en effet on y alla dès le lendemain, & enſuite, preſque tous les jours. Souvent il étoit ſorti, ou en affaires. En l'attendant, on écoutoit, on examinoit, on cherchoit, on furetoit partout, mais on ne découvroit jamais rien de la prétendue conſpiration. Enfin ne pouvant ſatisfaire par des avis véritables au deſir qu'avoit Madame des Urſins de trouver le Duc d'Orléans criminel, l'Italienne jugea à propos d'y ſuppléer par les chimeres de ſon imagination, apparemment pour ne pas perdre la récompenſe que cette Princeſſe lui avoit promiſe. Elle lui dit qu'étant allée fort tard chez le Duc d'Orléans, & ayant été introduite dans ſon cabinet, elle l'avoit entendu dans la chambre voiſine, qui parloit à *Villaroël*, à *D. Manrique* de *Lara*, à deux autres Eſpagnols, & à trois François; qu'elle avoit compris par leurs diſcours, qu'ils ſe fondoient ſur de puiſſans ſecours du côté du Portugal; que la Nobleſſe de l'Arragon ſe ſouleveroit; que pluſieurs Régimens François déſerteroient pour venir prendre parti à Tortoſe & à Lerida, qui ſerviroient de place d'armes. „ „ Mais (devoit avoir ajouté le „ Duc d'Orléans) il faut frapper „ les premiers coups dans Madrid, „ y ſemer le déſordre, & ſe ren- „ dre maître de la perſonne du „ Roi. Cette révolution me ren-

„ dra ennemi irréconciliable de „ Louis XIV. aux yeux de toute „ l'Europe, & l'Angleterre & la „ Hollande, lassées de la Guerre, „ & ne craignant point en moi un „ Roi d'Espagne gouverné par „ la Cour de France, abandonne„ ront aisément l'Archiduc, trop „ foible concurrent pour m'arra„ cher par ses seules forces une „ couronne que je tiendrai de la „ Nation & de mon épée.

La Princesse des Ursins courut vîte épouvanter Philippe de ces vaines idées ; ses Emissaires les repandirent dans le Public, & bientôt il passa pour constant parmi ces hommes oisifs qui semblent n'avoir d'autre état que d'écouter avec avidité, & de repéter sans refléxion toutes sortes de nouvelles, que le Duc d'Orleans, jeune, brillant, ambitieux, enorgueilli de tant de ſuccès, & flatté de l'amour des Peples & du Soldat, s'indignant du ſecond rang où ſa naiſſance l'avoit placé, ſe préparoit à franchir la barriere qui le ſéparoit du Thrône, ſi l'on n'eût découvert ſes projets. On oſa même aſſurer qu'à ſon retour en France, Louis XIV l'auroit fait arrêter, s'il n'eût été retenu par les larmes de la Ducheſſe d'Orléans ſa fille, que le Duc de Noailles, informé par Madame de Maintenon, avoit avertie, diſoit-on, du danger que couroit ſon mari.

Le Duc d'Orléans n'ignoroit aucuns des bruits, aucuns des traits & des lâches détours qu'avoient imaginés, & qu'imaginoient encore chaque jour la haine & la calomnie pour le rendre odieux par les qualités même qui l'avoient fait admirer de toute l'Europe. Il laiſſoit au tems & aux événemens à le juſtifier, & ſes ennemis eurent beau faire, malgré leurs intrigues, leurs cabales, malgré les perſides terreurs qu'ils affectoient, & les horribles ſoupçons qu'ils avoient tâché d'inſpirer contre lui, les peuples, à la mort de Louis XIV, ſe ſoumirent avec joye à ſon adminiſtration, & tous les corps de l'Etat concoururent avec empreſſement à lui conſerver les droits de ſa naiſſance.

Son premier ſoin, au commencement de ſa Regence, fut de s'aſſurer la paix au dehors par un Traité d'alliance entre la France & l'Angleterre, dont l'union entraînera toujours la deſtinée du reſte de l'Europe.

Les dettes de l'Etat étoient immenſes, & les Finances épuiſées;il falloit des remédes extraordinaires à de ſi grands maux; ceux qu'il a employés étoient trop violens; il a voulu perſuader au Peuple que du papier valoit mieux que de l'argent. Pluſieurs ont été les duppes de leur avidité, & la vivacité Françoiſe a beaucoup contribué à la chute d'un projet qui pouvoit être bon, ſi on l'avoit contenu dans de certaines bornes, & qu'on l'eût exécuté avec plus de précaution & de ménagement.

Le Parlement, dans des circonſtances très critiques crut devoir faire des remontrances; il envoya ſes Députés au Regent, qui ſe perſuada que cette Compagnie avoit voulu ſoulever les Pariſiens contre lui. Après avoir écouté leur Harangue avec beaucoup de flegme, il leur fit ſa réponſe en quatre mots; *Allez-vous* .... le respect que je te dois, sublime Visir, n'empêche de salir ton oreille par des termes plus que Militaires. Celui qui avoit porté la parole, ne se déconcerta point, & lui repliqua, *Monsieur, c'est la coutume du Parlement de mettre sur ses Registres, les réponses que le Roi lui fait; mettra-t'on celle-ci?*

Tout est tranquille à présent, & le Regent gouvernera paisiblement le reste de sa vie, qui, je crois, ne sera pas longue; il se livre à trop d'excès; il vit comme nous vivons dans notre *Ramedam*; il ne mange qu'après que le Soleil est couché; ce n'est pas par dévotion; il passe une partie de la nuit à table avec ses Maîtresses, & cinq ou six de ses Confidens. Croirois-tu que la plûpart des Gens de qualité desirent que leurs femmes ſoient admiſes à ces parties nocturnes, où ce Prince en pointe de vin, diſtribue quelquefois de bonnes A * * * & de bons Ar* * * *.

Il aime beaucoup les femmes, les eſtime peu, & ne leur confie rien. Loin d'être jaloux de ſes Maîtreſſes, il ne manque gueres de faire le lendemain à ſes Favoris un détail fort exact des charmes qu'elles lui ont prodigués. Il leur accorde des graces & les récompenſe aſſez bien; mais il ne faut pas qu'elles paroiſſent trop avides, ni qu'elles veuillent ſe mêler des affaires du Gouvernement. D'ailleurs il n'entre jamais dans leurs haines & dans leurs tracaſſeries; elles ne lui feroient pas renvoyer le moindre de ſes Domeſtiques.

Tu peux conclure de tout ce

que je t'écris au ſujet de ce Prince, qu'avec les qualités qui forment les Grands Hommes & les Héros, il a les vices d'un particulier qui veut jouir de l'abondance dans cette vie, & qui a pris ſon parti ſur l'autre. Je puis me tromper quelquefois dans les inſtructions que tu exiges de moi ; excuſe mon incapacité ; mais que le Tout-puiſſant me livre à l'inſtant aux Anges noirs, ſi le zéle le plus ardent pour ton ſervice n'eſt pas toujours profondement gravé dans le cœur de ton eſclave.

LETTRE XIV.

Nedim au Capigi Bachi.

UN Sultan qui jette la vûe ſur les Etats ſoumis à ſon obéiſſance, découvre un Empire immenſe comme l'Océan, & dont les Peuples ſemblables aux flots, ſont toujours prêts à ſe ſoulever. La politique exige qu'il ôte à ces eſprits inquiets les chefs qu'ils ſe donnent dans le fond du cœur & qu'ils obligeroient de ſe mettre à leur tête. Il faut pour détourner de plus grands maux, ſacrifier quelquefois des victimes innocentes, de même que l'on ruine ſes propres frontiéres pour empêcher l'ennemi d'y ſubſiſter, & que l'on raſe les fortereſſes qui pourroient lui ſervir de places d'armes. Quelque précieux que ſoit le ſang Ottoman, la perte d'un ou de deux Princes, & de dix ou douze Baſſas, n'eſt rien en comparaiſon des horreurs & des ravages d'une guerre civile, où il périt quelquefois un million d'hommes.

C'eſt cependant cette politique prudente plûtôt que ſoupçonneuſe, qui nous fait regarder par les Chrétiens comme des barbares, & des hommes de ſang.

Je vois dans les anciennes Hiſtoires que la République d'Athénes a ſouvent condamné à la mort ou à l'exil, ceux de ſes citoyens qui lui ayant rendu les ſervices les plus ſignalés, étoient auſſi devenus d'autant plus conſidérables parmi le Peuple ; tels que Thémiſtocle, Alcibiade,

Phocion & plusieurs autres. L'éclat de leurs grandes actions les rendoit criminels aux yeux d'une Nation jalouse de sa liberté ; elle punissoit ce qu'ils étoient en état d'entreprendre, & elle ne donna point d'autre raison de l'exil d'un citoyen, que sa vertu qui lui faisoit trop de partisans.

Les François diront-ils que les Athéniens étoient un Peuple barbare ? Les plus illustres parmi les Romains alloient à Athénes se polir, & se perfectionner dans l'éloquence ; c'étoit le séjour des Sciences & des beaux Arts, la patrie des Philosophes & du sage Solon, dont les loix la gouvernoient.

L'esprit de ceux qui commandent, est souvent obligé de se conduire par des raisons de politique & des maximes particulieres d'Etat, dont la rigueur & la violence n'ont point leur ſource dans un naturel féroce. Nos ancêtres étoient des Conquérans; nous avons conſervé dans les Villes qu'ils ont ſubjuguées, la maniere de vivre, les coutumes & les loix qu'ils obſervoient dans leur Camp. La juſtice parmi nous eſt donc ſevere, prompte & preſque toujours ſanglante. Mais cela ne doit pas tourner au déſavantage de notre cœur & de notre caractère ; je ſoutiens même que les Muſulmans ſont plus humains, plus officieux, plus ſenſibles à la pitié & à la compaſſion que les Chrétiens.

On ne voit pas dans tout l'Empire Ottoman un Turc réduit à demander l'aumône ; au lieu qu'ici les Egliſes ſont aſſiégées de

Chrétiens auſſi miſérables qu'importuns.

Non-ſeulement l'uſure eſt expreſſément défendue parmi nous, mais l'intérêt même le plus modique y eſt inconnu. Je prête dix mille piaſtres, on m'en rend mille chaque année, au bout de dix ans mon débiteur eſt quitte. Je n'ai retiré que l'intérêt du cœur, le plaiſir d'avoir ſecouru un de mes freres. Ce que nous appellons bien placer ſon argent, c'eſt de le confier à un honnête homme qui s'en s'en ſert heureuſement pour rétablir ſon commerce & ſon crédit.

Notre bonté, notre affection & notre pitié s'étendent juſques ſur les Animaux. Il arrive ſouvent que des Chiens & des Chats ſont bien traités dans le Teſtament d'un Turc qui ſent approcher ſa derniere heure ; il légue une somme pour leur fournir un entretien honnête pendant leur vie.

Nous avons à Constantinople des espéces de Traiteurs ambulans, qui portent des bâtons chargés de viandes. Ils ont un certain cri, auquel se rassemblent tous les Chats d'une rue ; ils font la part à chacun, selon l'argent qu'on leur donne & il y a peu de fidéles Musulmans qui, en sortant de la Priere du Matin, ne se fassent un plaisir & un devoir de charité de régaler deux ou trois fois le mois tous les Chats d'un quartier. Sultan Sélim, entouré des horreurs de la mort & prêt d'aller rendre un grand compte à Dieu, tourna ses regards mourans sur le Cheval qui l'avoit porté dans les batailles ; il ordonna qu'on lui bâtit une Ecurie riante & commode au milieu d'une Campagne fleurie, & qu'on lui menât quelquefois pour l'amuser les plus belles Jumens de la Contrée. Ce bon Cheval, comblé des bienfaits de son maître, mourut dans une heureuse vieillesse.

De pareils traits confirment ce que j'ai avancé. Il n'y a point de Nation aussi compatissante, & qui ait autant de sensibilité d'ame que la nôtre; mais les loix qui la gouvernent sont sanguinaires, au lieu que les Romains gouvernés par des loix douces, étoient cruels & inhumains. Les Spectacles de Gladiateurs & les combats d'hommes contre des Bêtes féroces, auxquels ils assistoient avec tant de plaisir, laissent à la postérité des preuves incontestables de la dureté de cœur de ces maîtres du monde.

Lis cette Lettre avec attention. Ta charge t'oblige ſouvent de faire périr des Viſirs & des Baſſas, dont l'amitié t'étoit chere. Tu dois exécuter avec ſoumiſſion les Décrets de la ſageſſe profonde de notre auguſte Sultan ; mais n'oublie jamais que tu es homme, & que ſi ton bras eſt à ton maître, ton cœur doit être à Dieu ſeul qui abhorre le ſang.

LETTRE XV.

Nedim au même.

SI ton frere Achmet étoit mort il y a huit ans, lorſque nous le vîmes tout couvert de ſang & de pouſſiere ramener au combat nos Janiſſaires effrayés, nous aurions dû pleurer la perte que notre Sultan faisoit d'un si brave homme ; mais aujourd'hui c'est notre auguste Sultan même qui a jugé nécessaire de l'effacer du nombre des vivans ; marquerons-nous par des larmes criminelles que nous sommes plus touchés de nos propres intérêts que de ceux de notre invincible Seigneur ? Sa sagesse profonde a pû limiter quand il lui a plû le voyage de ton frere en cette vie, où le Prophéte l'avoit envoyé pour les besoins du chef des Ottomans & non pour les nôtres. Nous naissons à nos Princes ; ils peuvent fermer nos yeux dès que nous les ouvrons. S'ils nous laissent vivre, c'est une grace qu'ils nous font. Nous devons regarder la vie comme un festin où leur magnificence nous auroit conviés, comblés d'honneur & de reconnoiſſance, nous nous leverions de table ſans regret, dès qu'ils paroîtroient nous l'ordonner.

Les Occidentaux ſe mocquent de cette ſoumiſſion ſervile & de cette obéiſſance aveugle qui nous font envoyer notre tête à nos Souverains, dès qu'ils nous la demandent, & lorſque nous pouvons ſouvent la garentir par la fuite. Ah! ce n'eſt point à préſenter avec reſpect le cou aux bourreaux, que conſiſte l'eſclavage & la honte, mais à être obligés de vivre pour exécuter contre des innocens les ordres inhumains que le caprice & la férocité ſeuls ont fait ſortir de la bouche d'un Tyran!

Sans intérêts, ſans ſentimens & ſans remords, il faut que nous ſoyons comme le glaive tranchant dans la main de l'exterminateur.

C'eſt ce dépouillement entier de ſoi-même qui conſtitue une ſervitude d'autant plus affreuſe, qu'il n'eſt pas poſſible de parvenir à cet état d'impaſſibilité.

Un Roi de France, dit un jour à un Officier : „ Qu'il ſouhaiteroit d'être défait d'un Seigneur „ de ſa Cour qui lui déplaiſoit. „ *Sire*, répondit cet Officier, *je lui ferai mettre ce ſoir l'épée à la main, & je m'abandonnerai de façon ſur lui que ſi je ſuccombe, du moins le combat lui ſera-t'il auſſi funeſte qu'à moi.* „ Je ne voudrois pas, repli- „ qua le Roi, que vous vous expo- „ ſaſſiez. „ *Comment, Sire,* interrompit *ce brave homme, d'où me ſuis-je attiré le mépris que m'a laiſſé entrevoir votre Majeſté ? J'expoſerai ce qui eſt à vous, ma vie & mes biens mêmes, s'il le faut ; mais je ſerois indigne du* *nom de François, si je vous sacrifiois mon honneur.* *

J'admire le courage de ce François qui ne craint point de faire rougir son Prince & de se montrer plus honnête homme que lui. Quelle douceur de sentir que dans certaines occasions on est libre, qu'on ne doit point reconnoître de maître, qu'on est son roi, son souverain, sa lumiere à soi-même, & que malgré l'inégalité des dignités, de la fortune, & des biens, l'honneur, ce que l'homme a de plus précieux, n'est subordonné à personne! C'est s'élever dès cette vie à l'état où nous serons dans l'autre. Les rangs y seront reglés suivant nos bonnes

* N'auroit il pas été mieux de ne point offrir de se battre, & l'honneur permet-il de se charger de tuer quelqu'un, même en se battant contre lui?

œuvres. C'eſt une vérité qui doit te conſoler, mon cher Selim, de la mort d'un frere qui a toujours vêcu en bon Muſulman.

LETTRE XVI.

Nedim au Caimakan.

QUOI! Le Moufti Aſſem a conſpiré pour ôter l'Empire à notre Sultan! Sous de vains & d'artificieux prétextes, cet hypocrite a voulu révolter les vrais croyans contre leur Souverain! Eſt-il poſſible que celui qui doit inſtruire les Peuples de leurs devoirs, ſe ſerve de la religion pour les en écarter! Ignorons-nous que l'Etre ſuprême a établi les Rois ſur la terre; que chacun d'eux eſt ſon image; qu'ils n'ont point d'autre juge, & que leur puiſſance ne releve d'aucune puiſſance temporelle? Notre ſainte Loi ne nous apprend-elle pas que nous devons obéir même aux Princes infidéles, ſi nous ſommes nés leurs ſujets? Il eſt bien étonnant que la vie de quelques Prêtres Muſulmans fourniſſe de ſemblables traits de révolte, & dont je ſuis ſcandaliſé dans les Hiſtoires même des infidéles Chrétiens qui ne ſont pas éclairés comme nous par le divin Alcoran? Si notre Sultan n'avoit pas prévenu le Moufti Aſſem, peut-être cet orgueilleux auroit-il bientôt élevé ſa tête altiere avec autant d'audace, qu'un certain Pape dont je liſois ces jours paſſés les projets ambitieux. Tu vas juger de ce que peut un eſprit violent & hardi, qui couvre ſes entrepriſes du manteau de la Religion.

Hildebrand

Hildebrand (* c'étoit ſon nom) ayant été élu Pape par les habitans de Rome, écrivit des Lettres très-ſoumiſes à l'Empereur Henri IV. pour lui apprendre ſon Election & le prier de vouloir bien la confirmer. Henri la confirma. Ce bon Religieux ne ſe vit pas plûtôt établi Souverain Pontife, qu'il changea de ton, & voulut dominer ſur les Rois ; il prétendit qu'ils étoient ſes Vaſſaux, qu'il pouvoit les dépoſer à ſon gré, briſer leurs Sceptres, diſpoſer de leurs couronnes & délier leurs Sujets du ferment de fidélité. „ „ Les Rois ſont trop fiers, diſoit- „ il ordinairement, je veux les hu- „ milier ; leur puiſſance ne vient „ que des enfans de la terre, la „ mienne eſt émanée du Ciel.

S'étant brouillé avec ce même

* Grégoire VII.

Henri dont il avoit attendu l'approbation & le consentement pour être Pape, il l'excommunia. „ Je lui défend, prononça-t'il pon„ tificalement, de gouverner „ l'héritage de ses Peres, & j'or„ donne, puisqu'il m'a désobéi, „ à tous ses sujets de le poursuivre „ & de l'attaquer en tous lieux „ comme un scélérat, un rebelle, „ un perturbateur du repos de la „ Chrétienté. *

Il transporta l'Empire à Rodol-

* Le désordre & la terreur que cette excommunication jetta dans la conscience des foibles, furent si puissans dans ces siécles d'ignorance, que Henri abandonné de presque tous ses sujets & de ses domestiques, fut obligé d'implorer la miséricorde du superbe Pontife. Ce malheureux Empereur dépouillé des marques de sa dignité, & vêtu d'une tunique de laine, demeura trois jours pieds nuds dans l'antichambre d'Hildebrand, qui s'étoit retiré dans une forteresse, & qui ne l'admit enfin en sa présence qu'à des conditions qu'il n'est pas possible de lire sans indignation.

phe, Duc de Suabe, & pour donner de la confiance à ſon parti, il prophétiſa que Henri mourroit dans l'année. Le contraire arriva; Rodolphe fut tué dans une bataille, & Henri pourſuivit vivement les avantages de ſa victoire. Devinerois-tu comment Hildebrand interpréta ſa prophétie? Il dit: qu'il n'avoit pas entendu que Henri ſeroit tué *quant au corps*, mais *quant à l'ame*, par l'excommunication foudroyante qu'il avoit lancée contre lui.

On voit des Lettres de ce même Pontife, où il a l'audace d'écrire aux Evêques de France, » qu'il ne peut plus ſouffrir ſur le » Trône leur Roi Philippe, & » qu'ils doivent ſe joindre à ſa » Sainteté pour animer les peu- » ples à la revolte & chaſſer ce » tyran.

Dans d'autres Lettres aux Habitans de l'Isle de Corse, » toutes „ les isles, dit-il, ont appartenu „ en propriété à S. Pierre (or ce „ S. Pierre étoit un pauvre pê- „ cheur.) Si vous ne me rendez „ pas, en vous soumettant à moi, „ ce qui appartenoit à mon Pré- „ décesseur, j'exciterai contre „ vous les Lombards & les Nor- „ mans, qui mettront tout à feu „ & à sang dans votre pays. » Beau style du Pere des Chrétiens !

Un Pape qui avoit essayé de porter si haut les droits du Souverain Pontificat, ne pouvoit manquer d'être en grande vénération à la Cour de Rome ; aussi a-t-il été mis au rang des Saints par un de ses successeurs. Je doute que les Parlemens de France, toujours inviolablement attachés à la Religion, mais zélés défenſeurs de la Majeſté des Rois, ſouſcrivent à ſa promotion.

La ſageſſe de notre auguſte Divan ne ſçauroit agir avec trop de promptitude & de ſévérité pour achever d'écraſer le parti du Moufti Aſſem, & pour diſſiper ces aſſemblées d'hommes foibles & ſéditieux que l'hypocriſie, le zele affecté, & les mœurs auſteres de cet enthouſiaſte avoient abuſés. Tu me mandes qu'ils vont à ſon tombeau, comme à celui d'un Martyr. Quel Martyr! Il promettoit le Ciel aux ſcélérats qui aſſaſſineroient leur Sultan.

La mémoire de ces hommes perfides & dangereux qui s'armant d'un fer ſacré, oſent menacer les Rois, ne doit-elle pas être autant en horreur que celle du *vieux de la montagne*. Tu ſçais que ceux de ſes ſujets qu'il jugeoit propres à ſes deſſeins, enyvrés par un breuvage préparé, étoient tranſportés dans des jardins magnifiques, où des vins délicieux, des mets exquis, des femmes charmantes, leur donnoient à leur reveil tous les avant-goûts du paradis. Au milieu de ces délices, une voix effrayante leur annonçoit, qu'en mourant dans l'exécution des ordres de leur Souverain, ils viendroient habiter pour toujours ces lieux enchantés. Au bout de quelque tems, dans une nouvelle yvreſſe, on les reportoit au même lieu où on les avoit pris. Ces eſpeces de ſonges les confirmoient encore dans la croyance où ils étoient élévés dès l'enfance, qu'en mourant pour exécuter les ordres de leur maître, ils iroient tout droit en paradis. Ils ſe précipitoient donc avec intrépidité dans les dangers, & aſſaſſinoient au milieu de ſa cour un Prince ennemi du leur, ſans ſe ſoucier des tourmens auxquels ils s'expoſoient.

Le vieux de la montagne s'étoit rendu ſi redoutable par ſes aſſaſſins, que les plus puiſſans Princes de l'Aſie & de l'Europe lui envoyoient tous les ans des préſens pour être en ſureté dans leurs Palais. Les Tartares exterminerent enfin ce ſcélérat & tout ſon peuple. Mais ſi cette race abominable ſubſiſtoit encore, la mémoire du *vieux de la montagne* y ſeroit dans la plus grande vénération, & les principaux de la nation ſe glorifieroient d'être iſſus de ces fameux aſſaſſins, qu'ils regarderoient comme autant de Martyrs.

Tantum religio potuit ſuadere malorum !
La ſuperſtition enfante bien de maux !

LETTRE XVII.

Nedim à Jezid ſon couſin, à Varſovie.

ON me contoit un fait aſſez ſingulier arrivé à une Diète en Pologne. Tous les ſuffrages sembloient réunis ; on alloit proclamer Roi *Michel Wiewieſnowiſki*, lorſqu'un noble lui refuſa ſa voix. Obligé, ſuivant la loi, d'expliquer les raiſons de ſon oppoſition, il demanda juſqu'au lendemain, & le lendemain, il accéda des premiers à l'Election qu'il avoit retardée la veille ; *à laquelle je ne m'oppoſai hier*, dit-il, *que pour faire connoître au nouveau Roi qu'il dépendoit d'un ſeul noble Polonois qu'il n'eût pas une couronne.*

En Pologne la nobleſſe jouit de tous ſes droits. Pourvû qu'un noble ne manque point de s'acquitter tous les ans des contributions & des devoirs auxquels ſa naiſſance l'engage envers l'état, il eſt d'ailleurs indépendant. Le Roi eſt le Chef du Royaume, & n'eſt point le maître d'un noble, qui n'eſt ſubordonné qu'aux loix qu'impoſent la néceſſité du bien public & l'avantage de la ſociété dont il eſt membre. Le Prince peut diſpoſer de pluſieurs Staroſta & de différens Fiefs dans ſon Domaine en faveur de ſes favoris, pourvû qu'ils ſoient originaires du Pays. Il a le pouvoir de faire beaucoup de bien, mais il n'a pas celui de faire du mal.

Cette même forme de gouvernement a long-tems ſubſiſté en France ſous la premiére, la ſeconde, & ſous les premiers Rois de la troiſiéme race. Les François ayant conquis les Gaules, partagerent entr'eux leurs conquêtes. Chacun, ſelon le terrein qu'il poſſedoit, étoit obligé de reporter certaines contributions à la maſſe commune, & de ſe tenir prêt, tant que ſon âge & ſes forces le lui permettoient, à ſuivre le Roi à la Guerre, pourvû qu'elle eût été approuvée dans l'aſſemblée générale. Mais du reſte les François étoient abſolument libres de leur perſonne & ſouverains dans les Terres * dont ils

* Les Seigneurs François avoient dans leurs Terres le *merum imperium* ſur leurs Sujets, comme l'ont actuellement les Seigneurs Polonois ſur les leurs. Ils avoient le droit de vie & de mort, & ſi un Seigneur François, tel qu'il fût, avoit déclaré la Guerre au Roi, les ſujets de ce Seigneur auroient été obligés de le ſuivre & de l'aſſiſter de toutes leurs forces. Le Roi n'avoit rien à commander aux ſujets d'un Sei-

étoient Seigneurs. Eux ſeuls étoient nobles, alloient à la guerre, & participoient aux délibérations de l'Etat. Les Gaulois, nation ſubjugée, deſtinés au travail & à la culture des terres, n'avoient rien en propre. Abſolument eſclaves, leur perſonne, leurs femmes, leurs enfans appartenoient au Seigneur, qui pouvoit les revendiquer & les punir comme déſerteurs, s'ils quittoient la terre où ils étoient nés pour aller s'établir ailleurs.

Tu juges bien, mon cher Jezid, que les arts, le commerce & les terres ſouffroient infiniment de cette dépendance dans un pays où ceux qui pouvoient ſeuls les faire valoir, ne travailloient point

gneur particulier ; il n'étoit, à proprement parler, Seigneur Souverain que des ſujets qui étoient nés dans les Terres de ſon Domaine, ou qui lui étoient échues en partage de conquêtes.

pour eux & pour leurs enfans ; où leurs maîtres profitoient de toute leur peine, & où enfin l'induſtrie & le travail n'étoient pas animés par l'eſpoir d'acquiſition & d'une ſituation plus heureuſe.

C'eſt cette ſervitude des Payſans qui étouffe, pour ainſi dire, la nature en Pologne, & qui rend ce Royaume ſi pauvre. Quoique ſous un beau ciel, & arroſé par de grandes rivieres, le tiers du pays n'eſt pas cultivé. Chaque ſujet remplit ſa tâche, la porte au Seigneur, & ne penſe point à améliorer un terrein dont l'abondance & la fertilité ne changeront rien à ſon état, & ne profiteront point à ſes enfans, qui demeureront toujours eſclaves comme lui. L'argent n'y peut donc recevoir cette circulation néceſſaire dans un grand Royaume, & le commerce ne s'y fait que par un échange de denrées ; le Noble donne du bois & du blé pour avoir du vin & du drap.

La ſublime Porte doit ſouhaiter que la forme du Gouvernement en Pologne ne change pas. * Les Polonois ſont braves, belliqueux, & propres au métier de la guerre ; ce ſeroient des voiſins bien redoutables, ſi leurs Rois,

* Dans le gouvernement Ariſtocratique, les réſolutions de faire la guerre ne paſſant qu'à la pluralité des voix, il eſt rare qu'une paſſion auſſi inquiette que l'ambition domine tous les membres d'une aſſemblée, dont les plus accrédités ſont ordinairement les plus vieux ; conſeillés par l'âge, ils ne cherchent qu'à jouir tranquillement de ce qu'ils poſſedent, & n'opinent pas volontiers à ſe charger eux-mêmes d'impôts, pour remplir des projets de conquêtes qui peuvent ne pas réuſſir. Si Louis XIV. n'avoit pas été auſſi puiſſant dans ſon Royaume, il n'auroit pas trouvé tant de reſſources parmi ſes ſujets & n'eût pû par conſéquent porter ſi haut la gloire de ſon regne.

devenant auſſi abſolus qu'en France, mettoient l'abondance parmi la Nation par l'affranchiſſement des Payſans, & ſe ſervoient de leurs revenus multipliés par cet affranchiſſement pour ſatisfaire leur ambition & reculer les frontieres d'un Etat, qu'ils regarderoient alors comme leur patrimoine.

Dans nos voyages, mon cher Jezid, nous devons ſurtout nous inſtruire des différentes formes de gouvernemens, en combiner les avantages & les inconvéniens, & tâcher par les connoiſſances que nous acquérons, de nous mettre en état d'être utiles au Chef des Ottomans, lorſque nous ſerons de retour dans notre Patrie. Adieu.

LETTRE XVIII.

Mehemet Effendi à Moharrem, à Smyrne.

JE viens d'apprendre les pertes que tu as faites ; accepte ces cinq mille piaſtres ; ne t'abandonne point au déſeſpoir ; tu es jeune & ta vertu, ta probité & l'eſtime publique te reſtent. Ce renverſement imprévû de ta fortune m'a rappellé ce qui arriva à un homme de condition de ce pays-ci avec qui je ſuis très-lié. Je veux te conter ſon aventure ; elle te fera connoître qu'on ne doit jamais perdre la confiance en Dieu, & que ſouvent ſa main puiſſante, après s'être appéſantie ſur nous, ſe plaît à nous relever au moment que nous l'efpérons le moins.

Le Marquis de ..... d'une des plus anciennes maifons de Bourgogne, fe trouvant prefque ruiné par le fyftême, fe rendit à Paris pour retirer de l'Académie fon fils unique, qu'il n'étoit plus en état d'y foutenir. L'ayant envoyé chercher en arrivant, „ mon fils, lui „ dit-il, vous revoyez un pere „ qui ne feroit pas auffi fenfible „ au dérangement de fes affaires, „ s'il vous chériffoit moins, & „ s'il n'avoit pas tout lieu d'être „ content de vous. Je fuis enco„ re plus attendri fur ma fituation „ apréfent que je remarque dans „ votre air & dans vos manieres „ que vous avez profité en hon„ nête homme du peu de féjour „ que vous avez fait dans cette „ ville. Mais je ne puis plus four„ nir à toute la dépenfe dont vous

„ êtes digne. Les biens de nos ancêtres n'ont pas été diſſipés par „ ma faute ; au contraire, j'étois „ trop arrangé ; j'avois des rentes „ & des crédits ſur pluſieurs particuliers, & perſonne n'en avoit „ ſur moi ; on m'a rembourſé en „ billets qui périſſent entre mes „ mains. . . . . Partons, Monſieur, „ (interrompit ſon fils touché „ comme il devoit l'être de toute „ la tendreſſe que lui marquoit un „ pere malheureux ,) partons „ quand vous voudrez ; je tacherai que ma compagnie vous ſoit „ une conſolation dans cette terre „ qui vous reſte ; je vous demanderai ſeulement une grace ; laiſſez-moi le tems de dire adieu...

A ces mots les larmes vinrent aux yeux du jeune Marquis. Mon „ fils (lui dit ſon pere voyant qu'il „ n'oſoit achever de s'expliquer)

„ parlez, ayez de la confiance en „ moi; vous ſçavez que j'ai tou-„ jours ſouhaité que vous me re-„ gardaſſiez plûtôt comme un ami „ raiſonnable, que comme un pe-„ re abſolu; votre cœur auroit-il „ formé quelque engagement „ dans cette ville? .... Oui, Mon-„ ſieur, (répondit le jeune Mar-„ quis en ſe jettant à ſes genoux) „ j'aime, & je ſuis aimé d'une jeune „ perſonne que j'ai eu occaſion „ de voir pluſieurs fois au Cou-„ vent de.... Je ne vous ferai point „ un portrait de ſes charmes; vous „ le croiriez peint par l'amour; „ mais ſi ſon cœur & ſon caractè-„ re vous étoient connus, je ſuis „ ſûr que vous ne blâmeriez point „ mon attachement, quoiqu'elle „ ignore encore de quels parens „ elle a reçu la naiſſance. Cette „ paſſion vous étonne, & je ne

„ vous en parlerois peut-être pas
„ avec tant de liberté, ſi nos per-
„ tes ne m'ôtoient toute eſpéran-
„ ce ; car enfin ſi ſes parens ſont
„ d'un rang diſtingué, comme je
„ n'en puis douter à ſes ſentimens
„ & à l'éducation qu'on lui a don-
„ née, ils ne me choiſiront pas
„ pour l'époux de leur fille, lorſ-
„ qu'ils voudront la reconnoître ;
„ & s'ils ne la reconnoiſſent pas,
„ je dois également renoncer au
„ bonheur de la poſſeder, n'ayant
„ plus aſſez de bien pour la met-
„ tre dans une ſituation digne d'el-
„ le & de moi. Mon fils, reprit
„ le Marquis de...., je ne puis ap-
„ prouver cet amour pour une
„ perſonne inconnue ; mais ſi les
„ paſſions ſont vives à votre âge,
„ heureuſement elles ne durent
„ pas. Soupons ; je vous donne
„ demain pour faire vos adieux,

nous partirons le jour d'après. Ils souperent assez tristement, comme tu le penses bien, & le pere fatigué renvoya son fils de fort bonne heure.

Il se rendoit à l'Académie, le cœur déchiré par les pensées les plus affligeantes, lorsqu'il vit dans une rue beaucoup de monde assemblé ; il demanda ce que c'étoit ; c'est, lui répondit un Cocher de louage, un vieillard
„ que je menois ; apparemment
„ que pour examiner quelque
„ chose, il a voulu s'appuyer sur
„ la portiere qui n'étoit pas bien
„ fermée ; un autre Carosse en ac-
„ crochant le mien lui a fait faire
„ un soubresaut ; la portiere s'est
„ lâchée, le pauvre homme a été
„ jetté dehors, sa tête a heurté
„ contre une borne, il a perdu
„ toute connoissance ; & ce Chi-

„ rurgien chez qui on l'a porté en „ augure mal..... Tu n'as plus af- „ faire là, lui dit le jeune Mar- „ quis, mene-moi à l'Académie „ de....

En entrant dans le caroſſe, il ſentit quelque choſe qui rouloit ſous ſes pieds ; il cherche & trouve une boëte dont le couvercle étoit très-riche ; arrivé chez lui, il examine ce dépôt du hazard. C'étoit un Ecrain où brilloient pluſieurs diamans, & dans un petit tiroir ménagé en deſſous, il compta pour plus de quarante mille écus de billets payables au porteur. Ces richeſſes, dit-il en lui-même, appartiennent ſans doute à ce vieillard qui eſt tombé du caroſſe ; il n'a pas été ruiné comme mon pere au ſyſtême ; s'il vit encore quelle eſt ſon inquiétude ! J'irai demain m'informer de lui.

Ah ! ma chere Léonor, ajouta-t-il en ſoupirant, quel ſeroit mon bonheur, ſi j'étois le poſſeſſeur de ce bien là !

Dès qu'il fut jour, il ſe rendit chez le Chirurgien ; l'homme qui s'étoit bleſſé la veille n'étoit pas mort, mais on ne pouvoit le voir parce qu'il commençoit à repoſer. Allons en attendant chez ma chere Léonor, dit le jeune Marquis ; mais en la voyant, en voyant ſes larmes lorſque je lui annoncerai mon départ, prêt enfin de la perdre pour toujours, que ſçais-je, ne penſerai-je point aux biens que la fortune ſemble me préſenter ? Reſtons..... Eh pourquoi reſter, reprit-il indigné d'une réfléxion qui lui faiſoit tort ? Dois-je douter de ma probité ? Allons. Il ſe rendit donc au Couvent de... On lui dit qu'on étoit venu chercher Léonor à la pointe du jour, & qu'elle n'étoit pas encore rentrée.

Il retourna chez le Chirurgien, & marquant qu'il vouloit absolument parler au blessé pour affaire de conséquence, il se fit conduire à sa chambre. „ Monsieur, lui „ demanda-t'il, n'avez-vous rien „ oublié hier dans le carosse d'où „ vous êtes tombé ? „ A ces mots „ cet homme qui ne sembloit pas „ avoir une heure à vivre, se pré- „ cipite à ses pieds. Ah ! Monsieur, „ j'ai perdu, lui dit-il, un Ecrain „ où il y avoit pour plus de deux „ cens mille francs de pierreries, „ & pour quarante mille écus de „ billets payables au porteur ; je „ convertissois en pareils effets les „ rembourſemens qu'on me fai- „ soit, prévoyant de loin le nau- „ frage général.... Vous n'avez rien

„ perdu, repliqua le jeune Mar-
„ quis, voilà votre bien... O ciel...
„ Eſt-il poſſible ! ... Monſieur.....
„ (s'écrioit ce Vieillard, en em-
„ braſſant ſes genoux, & n'ayant
„ pas de joye & de ſaiſiſſement,
„ la force d'en dire davantage) eſt-
„ il poſſible ! .... A qui dois-je ma
„ fortune, & qu'elles marques
„ pourrois-je vous donner de ma
„ reconnoiſſance ? Sans trop me
„ flatter, je ne les imagine pas,
„ dit le jeune Marquis ; d'ailleurs
„ je ſuis le fils de Monſieur de....
„ Il y a long-tems que j'ai l'hon-
„ neur de le connoître, reprit le
„ Vieillard ; vous êtes un fils bien
„ digne de lui. Je ſçais que ſes af-
„ faires ſont dérangées. Je ſuis
„ d'une famille ancienne dans la
„ Robbe; je n'ai qu'une fille; agréez
„ qu'elle partage avec vous les
„ biens que vous m'avez rendus.
Des

„ Des raiſons & des intérêts de fa-
„ mille qui n'ont ceſſé que depuis
„ quelques jours, m'obligeoient
„ de lui cacher le nom de ſon pe-
„ re. Elle ne me connoît que de
„ ce matin ; venez, ma fille, ajouta-t'il, en élevant la voix...

Quelle fut la ſurpriſe du jeune Marquis en voyant ſortir de la chambre voiſine ſa chere Léonor. On envoya chercher le Marquis de..... Et le mariage fut conclu.

Il me ſemble, mon cher Moharrem, qu'une pareille aventure où les traits de la providence ſont ſi marqués, doit ſoutenir le courage de tout honnête homme malheureux, & lui donner de l'eſpoir & de la conſolation. Voilà deux peres qui cheriſſent tendrement leurs enfans & qui ſe croyoient ruinés. Voilà deux Amans qui s'adorent & qui n'oſoient plus eſpérer d'être unis. Un inſtant les met tous au comble de leurs vœux.

LETTRE XIX.

Nedim à Abdollah Ben-Salem.

DEPUIS quarante ans tu paſſes ta vie à feuilleter de vieux Livres Hébreux, Grecs & Latins. Tu ferois mortifié ſi le moindre événement de l'Antiquité échapoit à ta connoiſſance. Tu te piques de ſçavoir le nom de tous les anciens Rois des Medes, & peut-être ignores-tu celui du Grand pere de notre Sultan. Tu négliges enfin tout ce qui eſt écrit dans ta Langue naturelle, & tu donnerois cent Sultanins d'or en échange d'une vieille Médaille de cuivre frappée ſous le Regne de Mithridate. N'eſt-il pas bizarre qu'un fait, parce qu'il eſt arrivé il y a deux mille ans, excite dans ta tête une eſpece d'attention reſpectueuſe, tandis que tu dédaignes de fixer tes regards ſur ce qui ſe paſſe de nos jours. Ne ferois-tu pas mieux de t'appliquer à connoître par les événemens préſens, la Politique & le Génie des différens Princes qui regnent en Europe ? Du moins, par une profonde application ſur le mouvement actuel de cette Partie du Monde où tu vis, pourrois-tu former des conjectures & faire des refléxions utiles ; au lieu qu'il ne peut y avoir de liaiſon entre nous & ces tems ſi reculés dont tu t'embaraſſes l'eſprit. Si l'antiquité ne te groſſiſſoit pas les objets par l'éloignement où elle les place, tu conviendrois avec moi que depuis ving-cinq ans l'Univers a été varié par les ſpectacles les plus ſurprenans. Quoique le ſiécle ne ſoit pas fort avancé, quelles revolutions & quelle foule d'événemens ſinguliers !

La Branche d'Autriche regnante en Eſpagne, s'éteint : un Bourbon eſt appellé pour regner ſur des Peuples qui juſqu'alors avoient ſemblé ennemis irréconciliables du nom François.

Le Traité de partage, qui réuniſſoit à la Monarchie Françoiſe deux Royaumes * & trois Provinces, Louis XIV. préfére d'accepter le Teſtament de Charles II.

* Les Royaumes de Naples & de Sicile, le Marquiſat de Final, la Province de Quipuſcoa & quelques Places ſur la côte de Toſcane.

Le Sultan Mustapha déposé.

Le Prince Eugene entre par surprise dans Crémône ; le Général François est fait prisonnier ; le soldat qui s'éveille en sursaut, n'ayant pas le tems de s'habiller, prend ses armes, sort des cazernes, combat en chemise dans les rues, & chasse les ennemis.

Les François donnoient la loi à toute l'Allemagne. Ils étoient sur le Danube, & l'Empereur trembloit pour sa Capitale. * En un jour, ils perdent quatre-vingt lieues de pays & se retirent derriere le Rhin. Une seule journée ** commence tous leurs malheurs en Flandres, où ils étoient maîtres de toutes les Places. *** En

* La Bataille d'Hochstet.

** La Bataille de Ramillies.

*** L'affaire de Turin.

un ſeul jour, ils perdent toute l'Italie.

Dans la même ſemaine, Philippe V. chaſſé de Madrid par Charles III. ſon concurrent, & Charles chaſſé par Philippe.

Auguſte Roi de Pologne obligé par le Roi de Suéde de renoncer à la Couronne. Staniſlas couronné Roi, & bientôt ce même Roi de Suéde réduit à chercher un azile dans les Etats de notre Sultan.

Louis XIV. voit preſque s'éteindre ſa triple poſtérité. * Le pere, la mere & le fils ſont enfermés dans le même cercueil.

La journée de Denain où les François mal vêtus, mal nourris, manquant de tout, réparent en

* Le Duc & la Ducheſſe de Bourgogne & le Duc de Bretagne.

trois heures de combat les pertes de ſix Campagnes.

L'antiquité fournit-elle l'exemple d'un Empereur * qui ait quitté ſes Etats pour s'inſtruire, en voyageant, à les gouverner?

La conſpiration du Cardinal Alberoni contre le Duc Regent, découverte par la ** Supérieure des Veſtales de Paris.

Un Empereur *** fait mourir ſon fils qui avoit conſpiré contre lui.

Le Syſtême, ou le Miſſiſſipi.

Le Roi d'Eſpagne abdique la Couronne; ſon fils **** meurt, il remonte ſur le Trône.

Le Roi de Suéde de retour dans ſon Royaume, eſt tué au

* Le Czar.

** La Fillon.

*** Le Czar.

**** Louis I. Roi d'Eſpagne.

Siége d'une Ville. On fait couper le cou au Baron de Goertz son premier Ministre.

L'élévation de l'Impératrice de Russie, qui avoit été femme d'un tambour.

L'étonnante révolution de Perse, où presque tous les Princes du Sang tombent sous le glaive de l'usurpateur qui n'étoit qu'un vil Paysan.

Je pourrois citer plusieurs autres événemens, mais il me semble que j'en rapporte assez pour te convaincre qu'il n'y a point eu de commencement de Siécle où le théâtre du monde ait offert des changemens de Scenes plus frappans & plus imprévûs. C'est encore de nos jours que s'éléve un Empire, qui ménacera peut-être bientôt & l'Europe & l'Asie. Les Moscovites, brutes & sauvages commencent par les ſoins de leur Souverain à devenir des hommes. Si les Arts, ſi les Sciences s'établiſſent parmi ce peuple groſſier, s'il s'y forme des Généraux & des Miniſtres, que ne doit-on pas augurer & craindre d'une puiſſance plus étendue que ne le fut jamais celle des Romains dans leur plus haut point de gloire & de ſplendeur.

Si tu as de vieux Manuſcrits Hebreux, Grecs ou Arabes, à qui le tems & la pouſſiere ayent donné un air bien vénérable, & que tu veuilles les vendre, mande-le-moi; je connois ici quelques Sçavans, d'un goût aſſez bizarre pour y mettre l'enchere. Adieu.

LETTRE XX.

Nedim à Rosalide, à Paris.

QUOIQUE la Religion Chrétienne & la Religion Musulmane paroissent bien opposées, ce sont toujours deux filles d'une même mere, & qui se réunissent sur plusieurs articles. Les Mahométans, comme les Chrétiens, reconnoissent Moïse pour un grand Prophéte, & lisent avec le plus profond respect ses Livres sacrés. Ainsi l'*Histoire du Peuple de Dieu*, du Pere *Berruyer*, ne m'a point été nouvelle quant aux faits ; la tournure seule & le stile m'ont surpris d'abord ; mais je suis bientôt entré dans l'idée du Reverend Pere. Il est persuadé que

Moïse, comme la plûpart des Auteurs, s'est un peu trop pressé de donner son Ouvrage au Public. Le Législateur des Hebreux, à son avis, est trop stérile dans ses descriptions, trop concis dans les faits qu'il rapporte ; ne se souciant point d'enrichir la vérité par des refléxions agréables, & d'orner sa narration de conversations intéressantes : il coule trop légérement sur des endroits qui sont susceptibles d'un tour amusant : par exemple dans l'Histoire de Joseph avec la femme de Putiphar, Moïse se contente de dire que Joseph plut à la femme de son maître, & qu'elle lui expliqua ses desirs, auxquels le saint homme ne se rendit pas.

L'agréable Pere Berruyer a senti que cette maniere de narrer un pareil fait étoit trop succinte ;

qu'il falloit l'étendre davantage, ſuſpendre & préparer le dénouement par des converſations où l'on pouvoit faire dire bien de jolies choſes ; que la matiere s'y prêtoit d'elle-même, & qu'on devoit ſurtout commencer par donner un portrait du héros de l'aventure.

» Joſeph, dit-il, avoit joint à » la régularité de ſes traits & à la ,, vivacité de ſon teint, un air de ,, nobleſſe & de dignité, qui le ,, rendoient un des hommes les ,, plus aimables qui euſſent paru ,, dans l'Egypte *.

Ne diriez-vous pas, Madame, que c'eſt là le commencement d'une hiſtoriette ? J'attendois auſſi un portrait de la femme de Puti-

* Hiſtoire du Peuple de Dieu, pag. 320. & 321.

phar ; le Pere Berruyer ne nous le donne point ; apparemment que les traits d'une femme ne doivent pas entrer dans l'imagination de ce Religieux. J'ai entendu parler d'une certaine Madame de Villedieu qui a donné au public *les Amours des grands Hommes* ; le Pere Berruyer a voulu sans doute nous donner dans le même goût, *les Amours des Patriarches*.

» * L'épouse de son maître „ continue-t'il, fut touchée de sa „ bonne mine, & se trouvant tous „ les jours dans l'occasion de voir „ l'aimable Etranger, elle con„ çut pour lui une si violente pas„ sion qu'elle se resolut de la sa„ tisfaire. Il ne lui venoit pas dans „ l'esprit que les avances d'une „ femme de son rang, pussent „ être rejettées.... Elle lui décla-

* Page 321.

„ ra ſon amour, & elle le preſſa „ d'y répondre. Joſeph n'y répondit d'abord que par des froideurs & des embarras...... Elle „ ne ſe rebuta point. Il avoit beau „ fuir, elle étoit trop paſſionnée „ pour ne pas ménager les momens d'une ſurpriſe. „

Les momens d'une ſurpriſe! Rien n'eſt dit plus finement, & l'on ne ſçauroit mieux peindre les femmes & les reſſources de leur imagination.

« * Il faut que la fierté ne ſoit „ gueres puiſſante ſur l'eſprit d'une femme, quand il lui reſte „ encore quelque eſpérance d'être aîmée.... Elle compta apparemment pour quelque choſe „ de l'avoir forcé à un entretien... „ Un jour qu'il entroit dans ſon „ appartement, elle l'y ſuivit;

* Pag. 322. & 23.

„ pour cette fois, lui dit-elle, „ vous n'échapperez pas à mon „ amour, & je ne vous laisserai „ point aller que vous n'ayez con-„ tenté mes desirs. C'étoit là sans „ doute, (reflèchit le Pere Ber-„ ruyer,) une de ces tentations „ critiques, où la Philosophie est „ déconcertée, & où le Sage le „ plus intrépide n'a point de prin-„ cipes pour se soutenir sur le pen-„ chant d'un précipice si rapide. „ On ne risque rien à satisfaire la „ passion d'une femme que tous „ ses intérêts forcent au secret : „ dans ces occasions, il ne faut „ rien moins qu'un Joseph. „

Oui, la femme de Putiphar serroit Joseph de si près, les circonstances étoient si favorables, & le moment de surprise si bien choisi, qu'on doit être très-étonné qu'il ait pû résister. On voit que le Pere Berruyer ſent qu'à ſa place il il auroit ſuccombé, & d'autant plus qu'*on ne riſque rien à ſatisfaire la paſſion d'une femme que tous ſes intérêts forcent au ſecret.*

Si Joſeph ſe montre ſi cruel pour une belle Dame, en revanche Jacob ſon pere eſt peint comme un Patriarche bien galant, & j'ai vû en même tems avec un vrai plaiſir, que le Pere Berruyer ſe connoît en femmes qui ne doivent être que reſpectées.

„ * Lia, dit-il, avoit les yeux „ foibles & chaſſieux, & ne pou„ voit gueres inſpirer que de l'eſti„ me & du reſpect.

„ Rachel au contraire étoit „ belle, bien faite & toute aima„ ble, & dès le jour que Jacob „ la vit dans ſon équipage de ber„ gere (comment étoit-elle or-

* Pag. 229. & 230.

„ dinairement équipée ? (Il avoit „ conçu pour elle un amour mê- „ lé d'espérance qui lui faisoit at- „ tendre avec impatience le mo- „ ment de se déclarer. Sa passion „ n'avoit fait qu'augmenter par la „ comparaison des deux sœurs, „ & peut-être ne s'étoit-il pas „ étudié à en faire mystere. Quoi- „ qu'il en soit, il profita de l'oc- „ casion, & dit à Laban, vous „ avez une fille que j'aime, c'est „ Rachel votre cadette ; mais je „ connois trop tout ce qu'elle „ vaut pour me flater d'avoir en- „ core mérité de la posseder. Je „ m'offre de vous servir durant „ sept ans, sans autre récompen- „ se que le bonheur de devenir „ son Epoux quand ce terme sera „ écoulé.. ... Le travail fut péni- „ ble, les soins continuels, & la „ vigilance infatigable ; mais rien

„ ne coute quand on aime „ !

Rien ne coute quand on aime ! Voilà de ces refléxions que Moyſe a oubliées, ou qu'il n'a pas ſçû tourner d'un air de Sentence & de Maxime. En un mot je ne crois pas qu'on puiſſe écrire plus joliment l'hiſtoire de l'ancien Teſtament, & j'ai été ſurtout ravi d'apprendre la vertu de la Pome fatale dont Adam mangea.

„ * Adam & Eve n'avoient encore, dit le Pere Berruyer, aucune connoiſſance, ni ſpéculative, ni *expérimentale*, des raiſons de pudeur qui obligent de ſe couvrir. Le fruit qu'ils avoient mangé étoit de nature à exciter des mouvemens, qui pour n'être de ſoi ni criminels, ni volontaires, ne laiſſoient pas

* Pag. 36.

„ de les avertir des regles de la „ bienséance. „

Si le Serpent avoit révélé à Eve les effets merveilleux du fruit défendu, on ne sera plus surpris qu'elle ait tant pressé son mari d'en manger.

Adieu, Madame. Mille remercimens. Je vous renvoye le premier volume; envoyez-moi, je vous prie, celui où il est parlé du Roi David.

LETTRE XXI.

Rosalide à la Comtesse de...

QUOIQUE nous n'ayons pas Madame, à Constantinople une maison où les hommes & les femmes s'assemblent, en payant, pour voir un Spectacle public, nous avons cependant des Comedies. Elles ſont compoſées par des Ichoglans qui ſe piquent d'eſprit, & quelquefois même par des Effendis qui cherchent à ſe délaſſer d'occupations plus ſérieuſes. Les jeunes Odaliques les repréſentent devant le Sultan, & ſi ces Pièces réuſſiſſent, elles ſont bientôt jouées dans les Serrails du Viſir, du Capitan Baſſa & des autres Grands de la Porte. Je me ſuis rappellé celle-ci où je fis un rôle, & qui fut repréſentée dans le Serrail de mon pere ; elle vous donnera mieux l'idée de nos Comédies Turques que tout ce que je pourrois vous en dire. Je ſuis, Madame, &c.

LES

VEUVES,

COMEDIE.

ACTEURS.

OSMIN.

NASSISSA.

NECTABI.

Une JUIVE.

La Scene est à Constantinople dans un Sallon qui separe l'Appartement de Nassissa de celui de Nectabi.

LES VEUVES, COMEDIE.

SCENE PREMIERE.

LA JUIVE *seule.*

JE n'aime que l'argent, dit-on ; eh peut-on aimer autre chose ! Un ami vous trahit ; un amant vous trompe ; un mari n'eſt ſouvent qu'un tyran ; les parens ſouhaitent votre mort, ſi vous êtes riche, ou vous mépriſent ſi vous ne l'êtes pas; ce n'eſt que ſur l'argent que l'on peut véritablement compter. Tous mes ſoins, tous mes deſirs, toutes mes démarches aboutiſſent donc à en amaſſer, & jamais Juive ne fut plus Juive que je le ſuis. Quoique le jour ne ſoit pas fort avancé, j'ai déja bien couru. Voyons un peu mes profits de ce matin.

Elle compte ſur ſes doigts.

Reçu d'un jeune Chelebi, que j'ai introduit déguiſé en Fille dans le Serrail du Vaivode, 7 ſequins.

De la femme du Vaivode, 15 ſequins.

J'ai vendu à un Effendi un Commentaire ſur l'Alcoran, 6 ſequins.

Il eſt plaiſant, que tel homme qui n'eſtime pas tout l'Alcoran une

une piaſtre, donne ſix ſequins d'un Commentaire, parce qu'il eſt défendu.

Pour un petit morceau d'un drap dont on eſſuyoit le Tombeau du Prophéte Mahomet, & qu'une femme ſtérile s'applique ſur les flancs pour avoir des enfans, une piaſtre.

Je ne me chargerai plus de ces babioles-là : on n'en tire rien à préſent.

Pour le Pucelage d'une jeune Danſeuſe, reçu d'un Iman, 12 ſequins.

Pour le Pucelage de la même, reçu d'un Boſtangi, 16 ſequins.

Cela ne va pas mal ; mais tous les jours ne ſe reſſemblent pas, & il y a quelquefois de triſtes revers à eſſuyer. On a bien de la peine à ſe tirer dans le monde, quand on y veut vivre avec un certain honneur ! J'ai encore un bon coup à faire aujourd'hui dans cette maiſon : Oſmin m'a promis deux cent ſequins, s'il vient à bout d'épouſer par mon induſtrie une jeune Veuve fort riche, dont il eſt amoureux. La voici...... Elle me paroît bien reveuſe....

S'approchant de Naſſiſſa.

SCENE II.

NASSISSA, LA JUIVE.

LA JUIVE.

J'AVOIS vingt affaires ce matin; mais toutes ceſſent dès qu'il s'agit de vous. Je me ſuis reſſouvenue en m'éveillant, qu'il y a aujourd'hui quatre mois dix jours qu'Aſſan eſt mort. Le tems de votre deüil eſt expiré ; vous pouvez à préſent vous remarier. Avez-vous penſé à ce que je vous ai dit d'Oſmin ? Les entrevues que je vous ai ménagées à l'un & à l'autre ne vous ont-elles point encore déterminée ?

NASSISSA.

Mais.....

LA JUIVE.

Il vous adore !

NASSISSA.

Je le crois.

LA JUIVE.

Sa perſonne eſt aimable.

NASSISSA.

Certainement.

LA JUIVE.

Il eſt d'un caractere doux.

NASSISSA.

Il eſt vrai.

LA JUIVE.

Votre frere le Gouverneur agréera cette alliance.

NASSISSA.

J'en ſuis perſuadée.

LA JUIVE, *la contrefaiſant.*

Mais..... Je le crois..... Certainement... Il eſt vrai... J'en ſuis perſuadée.... Vous me répondez avec bien de la froideur!

NASSISSA.

Non.

LA JUIVE.

En un mot, Oſmin vous plait-il?

NASSISSA.

Oui, te dis-je.

LA JUIVE.

Vous l'épouſerez donc?

NASSISSA.

Je ne dis pas cela.

LA JUIVE.

Quoi vous ne l'épouſerez pas?

NASSISSA.

Ce n'eſt pas ce que je veux dire.

LA JUIVE, *la contrefaiſant encore.*

Je ne dis pas cela... ce n'eſt pas ce que je veux dire..... Que de façons! Que diantre voulez-vous donc dire enfin?

NASSISSA, *d'un ton ſec.*

Rien.

LA JUIVE.

Rien! Voilà bien les femmes! Elles parlent, qu'ont-elles dit? Rien.... (*appercevant Oſmin.*) Heureuſement voici votre Amant. Peut-être vous rendra-t'il plus éloquente. Seigneur Oſmin, je vous annonce que vous plaiſez à cette belle Veuve; parlez, preſſez, priez; pour moi j'ai trop d'affaires pour m'amuſer avec une diſeuſe de rien. (*bas à Oſmin, en s'en allant.*) Je reviendrai en un moment vous ſeconder.

SCENE III.

NASSISSA, OSMIN.

OSMIN.

CE qu'elle me dit eſt-il bien vrai ? ſerois-je aſſez heureux....

NASSISSA.

Oui, Oſmin, je vous aime, & je vais enfin m'expliquer avec vous.

OSMIN, (*ſe jettant à ſes genoux.*)

Charmante Naſſiſſa !...

NASSISSA.

Levez-vous, & m'écoutez. Aſſan en mourant a laiſſé deux Veuves, Nectabi & moi...

OSMIN.

Je le ſçai.

NASSISSA.

Nectabi, par toutes les ruſes d'une coquête, avoit trouvé le ſecret de l'emporter dans le cœur de notre mari, & fiere d'une préférence qu'elle regardoit comme un tribut que l'on devoit à ſes charmes, cette orgueilleuſe me traittoit avec un dédain!... Ses tons, ſes airs, ſes manieres, ſes politeſſes même étoient outrageantes... Oſmin, je ne puis être contente, ſi je ne la vois humiliée, & c'eſt de votre amour que j'attends ma vengeance.

OSMIN.

Ah! je voudrois que ce pût être pour elle un tourment cruel de vous ſçavoir mille fois plus aimée de moi, qu'elle ne le fut jamais d'Aſſan, je vous jure que chaque inſtant de ma vie renouvelleroit ſon déſeſpoir, & que toujours prêt de faire éclater mes transſports & ma félicité à tous les yeux....

NASSISSA.

Il me ſuffira que les ſiens en ſoient témoins, & qu'en l'épouſant....

OSMIN.

En l'épouſant! Moi l'épouſer?

NASSISSA.

Oui, vous.

OSMIN.

Nectabi?

NASSISSA.

Elle-même, & vous n'obtiendrez ma main qu'en obtenant la ſienne.

OSMIN.

Vous plaiſantez?

NASSISSA.

Je ne plaiſante point. Je veux qu'elle devienne encore ma rivale pour lui rendre avec un nouveau mari tous les chagrins qu'elle m'a fait essuyer avec Assan.

OSMIN.

Je demeure interdit. Quoi, Madame, lorsque vous pouvez avoir en moi un époux qui vous adorera....

NASSISSA.

J'aurai en même tems en elle une rivale dont le dépit me divertera ; double plaisir qu'elle avaloit à longs traits du tems d'Assan, & que je veux goûter à mon tour. Osmin, les hommes sortent, se promenent, se voyent les uns les autres ; dissipés par des charges & des emplois, ils ont mille ressources pour échapper à l'ennui ; mais comment les femmes se sauveroient-elles des dégoûts d'une solitude & d'une oisiveté languissante, si elles ne se ménageoient pas des passions vives, propres à les occuper, & à les attacher aux lieux où elles ſont toujours renfermées ? La haine contre une rivale ſoutient l'amour pour un mari; cette haine, comme la tendreſſe, a ſes mouvemens, ſon intrigue & ſes douceurs. Au moindre revers d'une ennemie, on ſe peint, on s'exagere ſon chagrin ; on s'entretient de ſes inquiétudes ; on tache de les augmenter ; on en parle, on en rit, cela amuſe ; les jours paſſent inſenſiblement ; l'eſprit occupé par les tracaſſeries du Serrail, ſent moins la contrainte d'y vivre, & s'accoutume enfin peu à peu à ne plus courir après de vaines chimeres d'indépendance & de liberté.

OSMIN.

Mais, Madame, quand même je voudrois épouſer Nectabi, comment l'engager à me donner la main ?

NASSISSA.

Cherchez ſeulement les occaſions de la voir, parlez-lui, & comptez qu'elle eſt trop coquette pour ne pas tacher de m'enlever un Amant, & trop vaine pour douter un inſtant que ſon triomphe ne ſuive de près ſes premiers regards.

OSMIN.

Ah! belle Naſſiſſa, ſi j'avois véritablement touché votre cœur, vous ne feriez plus piquée contr'elle; uniquement occupée de notre Amour, vous ne compteriez à préſent vos jours que du moment que nous nous ſommes vûs pour la premiére fois.

NASSISSA.

Vous n'ignorez pas que depuis que je ſuis veuve, je n'aye été recherchée par des partis aſſez brillans; je n'ai écouté que vous ſeul ; voilà ma réponſe au reproche que vous me faites de ne vous point aimer ; d'ailleurs vous voyez à quelle condition je vous offre mon cœur, ma main, & une dot conſidérable ; ſi ces dons peuvent vous flatter, c'eſt à vous à ne rien épargner pour vous en aſſurer la poſſeſſion ; je vous laiſſe y réver.

SCENE IV.

OSMIN *ſeul.*

QUELLE femme ! pour l'épouſer, il faut que j'en épouſe une autre ! Elle eſt belle, elle eſt riche, je l'aime, elle peut faire ma fortune.... Quel bizarre caprice s'oppoſe à mon bonheur !

SCENE V.

OSMIN, LA JUIVE.

LA JUIVE.

EH bien votre mariage eſt-il arrêté ?

OSMIN.

Arrêté ? Il eſt plus éloigné que jamais.

LA JUIVE.

Comment donc ?

OSMIN.

Naſſiſſa en ſe mariant, veut auſſi pourvoir Nectabi.

LA JUIVE.

Nectabi ? Eh de quoi ſe mêle-t'elle ?

OSMIN.

Mais devine quel eſt l'heureux

époux qu'elle veut lui donner ?

LA JUIVE.

Eh qui ? (car je ne me pique point de deviner.)

OSMIN.

Moi.

LA JUIVE.

Vous !

OSMIN.

Oui, moi, te dis-je.

LA JUIVE.

Elle eſt folle ! Ne s'eſt-elle pas déja aſſez mal trouvée d'avoir eu Nectabi pour rivale ?

OSMIN.

Eh c'eſt parce qu'elle s'en eſt mal trouvée ; c'eſt un trait de vengeance & de vanité ; elle voudroit voir ſon ennemie mépriſée & humiliée à ſon tour.

LA JUIVE.

J'entends cela.

OSMIN.

Et tu vois qu'à préſent tout eſt rompu.

LA JUIVE.

Je vois qu'en vérité Naſſiſſa eſt trop ridicule. Comment ! après tous les ſoins que je me ſuis donnés ! .... Mais je penſe.... Seigneur Oſmin.... Ma foi vous ne perdriez pas au change. Ecoutez. Je viens de l'appartement de Nectabi ; elle m'a parlé la premiere de votre mariage : j'ai fort bien remarqué qu'elle en railloit en perſonne piquée, & qu'elle retomboit de tems en tems dans une réverie dont elle ne ſortoit qu'avec une gaieté affectée. Je lui ai demandé par maniere de converſation ſi vous étiez connu d'elle ; je le connois, m'a-t'elle dit d'un ton embarraſſé, je l'ai vû pluſieurs fois ſous les fenêtres de ſa belle.

Je ne me trompe gueres en femmes ; je parierois que Nectabi est jalouse de sa compagne.... Je l'apperçois, il faut que vous fassiez connoissance ; peut-être vous cherche-t'elle ? Que sçait-on ?

SCENE VI.

OSMIN, LA JUIVE, NECTABI,

LA JUIVE *allant d'un air riant à Nectabi, qui feint de vouloir rentrer.*

AH ! Madame, un moment.

NECTABI.

Qu'est-ce ?

LA JUIVE.

Arrêtez, je vous prie.

NECTABI.

Que veux-tu ?

OSMIN *à part, regardant Nectabi.*

Qu'elle eſt belle !

LA JUIVE *à Nectabi.*

Le Seigneur Oſmin épouſe une des veuves d'Aſſan, je veux auſſi qu'il connoiſſe l'autre pour juger.

NECTABI.

Que tu es folle !

OSMIN.

Quelle taille ! Quels yeux ! Que de graces !

LA JUIVE *à Nectabi.*

Comme il vous regarde ! (*à Oſmin.*) Eh bien qu'en dites-vous ?

OSMIN.

Je ſuis hors de moi ! Je ſuis enchanté !

LA JUIVE.

Le portrait que je vous en avois fait étoit-il flatté ?

OSMIN.

Qu'Aſſan étoit heureux !

NECTABI.

Vous ne le ſerez pas moins que lui : vous allez poſſeder l'incomparable Naſſiſſa.

OSMIN.

Ah Madame !

NECTABI.

Ne l'épouſez-vous pas ce ſoir ?

OSMIN *d'un ton froid.*

Ce ſoir ! . . . Je ne ſais.

NECTABI *ſouriant.*

Vous ne ſçavez ? . . . en vérité je n'en ſçais rien auſſi.

OSMIN.

Mon bonheur à préſent ne dépend que de vous.

NECTABI.

De moi ! Vous croyez parler à Naſſiſſa.

OSMIN.

Je parle à l'adorable Nectabi.

NECTABI.

Je ſuis bonne, & n'aime pas à

brouiller les Amans. Je vous avertis que votre maîtresse naturellement curieuse & jalouse, peut de son appartement entendre tout ce que vous me dites.

OSMIN.

Je ne cherche point à m'en cacher.

NECTABI.

Vos discours lui paroîtroient fort extraordinaires.

OSMIN.

Ah ! qu'ils sont naturels en votre présence !

NECTABI.

Vous êtes galant.

OSMIN.

Je suis sincére.

NECTABI *riant.*

Sincere ? Si vous l'étiez, on pourroit dire que la conquête de votre cœur est donc fort aisée.

OSMIN.

Sans doute, Madame, quand on a vos charmes; mais ne croyez pas que ce ne ſoit que de ce moment-ci que je vous aime.

NECTABI.

Je ne ſache pas cependant que vous m'euſſiez jamais vûe.

OSMIN.

Il eſt vrai que vous êtiez inconnue à mes yeux, mais tout ce que j'entendois dire de votre beauté enflamoit depuis long-tems mon cœur; vous avez dû me remarquer cent fois la vûe attachée ſur vos fenêtres; deſtiné à vous adorer, ce cœur vous cherchoit à travers les épaiſſes jalouſies qui vous déroboient à mes regards; je me formois de vous la plus belle idée; votre préſence vient de la remplir, & de m'offrir cet objet charmant qui doit me fixer pour toujours.

NECTABI.

Osmin, vous avez de l'esprit.

OSMIN.

Oui, Madame, si l'amour en donne.

NECTABI.

Mais pouvez-vous penser que j'aye assez de vanité, & que je m'imagine avoir assez de charmes pour croire ce que vous me dites ?

OSMIN.

Je puis penser, Madame, que peut-être avez-vous tant d'antipatie pour moi, que plûtôt que de me croire, vous aimez mieux ne pas rendre justice à vos charmes.

NECTABI.

Je n'ai point du tout d'antipatie pour vous.

OSMIN.

Quand on déplait, on ne persuade pas aisément.

NECTABI.

Mais vous ne me déplaiſez point, quelle folie ! Pourquoi me déplairiez-vous ? ....

SCENE VII.

NECTABI, OSMIN, LA JUIVE *une* ESCLAVE *de Naſſiſſa.*

L'ESCLAVE.

SEIGNEUR Oſmin, ma maîtreſſe vous croyoit ſorti....

OSMIN *avec impatience.*

Tu vois que je ne le ſuis pas.

L'ESCLAVE.

J'allois vous chercher de ſa part....

OSMIN.

Cela ſuffit.

L'ESCLAVE.

Venez-vous lui parler ?

OSMIN.

J'irai.

L'ESCLAVE *en s'en allant.*

Je vais lui dire que vous êtes ici.

OSMIN.

Comme tu voudras.

NECTABI *à Osmin.*

Et comme je ne veux point; si vous ne suivez cette Esclave, je rentre.

OSMIN *l'arrêtant.*

Charmante Nectabi....

NECTABI.

Je rentre vous dis-je.

OSMIN.

Daignez m'écouter un moment....

NECTABI *voulant rentrer.*

Quand je le voudrois, en aurois-je le tems? Nassissa viendroit.

OSMIN *l'arrêtant.*

Eh bien, pour vous obéir, je

vais la trouver ; mais demeurez de grace.... je reviens auſſi-tôt.... Madame, j'ai mille choſes à vous dire ! .... (*à la Juive*) tâche de l'arrêter, & parle-lui pour moi. (*Il ſort.*)

La Juive *bas à Oſmin.*

Allez, l'affaire eſt en bon train.

SCENE VIII.

NECTABI, LA JUIVE.

La Juive.

AH, pauvre Naſſiſſa, tu vas trouver bien du changement !

Nectabi.

Oh, crois-tu que ma vue én un moment...

La Juive.

L'a frappé comme un trait de flamme :

flamme : je m'en ſuis apperçu au premier coup d'œil.

NECTABI.

Il eſt bien fait du moins ?

LA JUIVE.

Je crois que Naſſiſſa va le trouver bien froid.

NECTABI.

Je n'en ſerois pas fachée, car je la hais bien !

LA JUIVE.

Il eſt vrai qu'elle ſe donnoit des airs en parlant de vous....

NECTABI.

Eh, que diſoit-elle ?

LA JUIVE.

Il ne faut pas toujours prendre garde....

NECTABI.

Mais que diſoit-elle ?

LA JUIVE.

Une compagne jalouſe lâche bien des propos....

NECTABI.

Je veux les ſçavoir.

LA JUIVE.

Elle faiſoit, par exemple, ſonner fort haut l'avantage d'avoir trouvé un mari avant vous. Si vous vous le mettiez bien en tête, peut-être paſſeriez-vous devant elle.

NECTABI *d'un air de confiance.*

Peut-être.

LA JUIVE.

Il n'y aura que Naſſiſſa qui ne ſe le perſuadera pas.

NECTABI.

Il ſeroit plaiſant de l'en convaincre.

LA JUIVE.

Quand elle aura épouſé Oſmin, il me ſemble l'entendre parler, jaſer, ſe vanter & rabaiſſer vos charmes.

NECTABI.

La ſotte !

LA JUIVE.

Elle aura beau dire, vous n'en ſerez pas moins belle.

NECTABI.

Sçais-tu que tu me ferois venir l'envie d'humilier cette orgueilleuſe ?

LA JUIVE.

Pardi elle enrageroit bien ſi vous lui enleviez ſon amant.

NECTABI.

Je le crois.

LA JUIVE.

Mais.....

NECTABI.

Mais quoi ?

LA JUIVE.

Je penſe....

NECTABI.

Que penſe-tu ?

LA JUIVE.

Que ce ſeroit lui mettre le poignard dans le cœur, & qu'après tout vous avez l'ame trop bonne...

NECTABI.

Moi! J'aurois l'ame bonne pour une rivale inſolente!

LA JUIVE.

Elle l'eſt, & un peu trop: que ſera-ce encore lorſqu'elle ſe verra l'épouſe d'un homme qui a autant de mérite qu'Oſmin! Sçavez-vous bien que dans les commencemens, que l'on le voyoit ſans ceſſe paſſer & repaſſer ſous les fenêtres de cette maiſon, tout le monde croyoit que c'étoit à vous que s'adreſſoient ſes vœux?

NECTABI.

Je t'avoue que je l'ai cru auſſi pendant quelques jours.

LA JUIVE.

Ah! charmante Nectabi, on ne

croit gueres ces choſes-là ſans les déſirer.

NECTABI.

Je ne te diſſimulerai point qu'il m'a toujours paru fort aimable.

LA JUIVE.

Eh, pourquoi donc ne me l'avoir pas dit plutôt.

NECTABI.

Oſe-t'on s'expliquer, que l'on ne ſoit un peu preſſée....

LA JUIVE.

Oſe-t'on s'expliquer ? Ne voilà-t'il pas cette maudite honte dont notre ſexe eſt ſi ſouvent la dupe ? Ainſi, ſans ce badinage qui m'a fait vous arrêter en paſſant, & que votre bon génie m'a ſans doute inſpiré, vous n'auriez donc jamais été connue d'Oſmin, & le ſeul homme qui doit peut-être faire votre bonheur, auroit été perdu pour vous ?

NECTABI.

Crois-tu qu'il ne le ſoit pas : ſon mariage eſt arrêté avec Naſſiſſa ?

LA JUIVE.

Je ſçai que les choſes ſont bien avancées ; mais je vous le dis encore, il m'a paru vivement frappé à votre vûe, & je ne doute point qu'un ſeul de vos regards, en lui découvrant l'inclination que vous avez pour lui, n'achevât de l'arracher à ſes premiers engagemens. Il ne tardera pas à ſortir, je vais vous laiſſer ſeuls....

NECTABI

Au contraire, il ſeroit plus convenable que tu l'attendiſſes ici.

LA JUIVE.

Pour ſonder ſes ſentimens ? lui laiſſer entrevoir les vôtres ?

NECTABI.

Adroitement du moins, & ſans me compromettre.

LA JUIVE.

On auroit le Cadi à point nommé.... J'entends Osmin... Allez, rentrez dans votre appartement, & laissez-moi faire.

NECTABI.

A propos, je reflèchis que je ne t'ai jamais rien donné : prends ce diamant. (*Elle sort.*)

LA JUIVE *considerant le diamant.*

Qu'il est brillant ! Ma foi cette femme-là a de bonnes refléxions.

SCENE IX.

LA JUIVE, OSMIN.

OSMIN.

TE voilà seule ? Nectabi n'a pas voulu m'attendre un moment ? Tu n'as pû l'arrêter ?

LA JUIVE.

Vous êtes le plus heureux mortel...

OSMIN.

Comment ? Qu'as-tu fait ?

LA JUIVE.

Des merveilles : il ne dépend que de vous de l'épouser.

OSMIN *l'embrassant.*

Nectabi ! J'épouserois ! Je posséderois la charmante Nectabi ! Elle m'a enchanté du premier regard ! A travers un air modeste & reservé, on démêle dans sa phisionomie, je ne sçais quoi de fin, de badin & d'enjoué qui charme d'abord ! Cette belle blonde a toute la vivacité des brunes !

LA JUIVE.

Et Nassissa ?

OSMIN.

Nassissa au contraire, est une brune qui a tout l'éclat des blondes. Nectabi, Nassissa, Nassissa, Nectabi, aimables rivales, que je vais passer avec vous d'heureux jours !

LA JUIVE.

Comment l'entendez-vous, s'il vous plaît ? Nectabi compte que vous l'épouserez seule, & que vous lui sacrifierez Nassissa ?

OSMIN.

Moi sacrifier Nassissa ! Ma foi, Nectabi est belle, mais Nassissa ne lui cede en rien.

LA JUIVE.

Ainsi fidéle à Nassissa vous abandonnerez Nectabi ?

OSMIN.

Qu'appelle-tu, abandonner Nectabi ? Je ne veux abandonner personne : il faut que je les aye toutes deux.

LA JUIVE.

Le projet est beau, & digne

d'un grand cœur ; mais l'exécution m'en paroît difficile : car je vous le repéte, Nectabi veut bien vous épouser, & je puis même aller chercher tout à l'heure le Cadi ; mais en vous épousant, elle exigera, avant toutes choses, que vous renonciez à Nassissa, au lieu que Nassissa ne veut vous donner la main qu'à condition que vous obtiendrez en même tems celle de sa rivale.

OSMIN.

Ma bonne amie, il faut les réunir pour faire mon bonheur.

LA JUIVE.

Et comment ?

OSMIN.

Comment ? Comment ? Quoi n'imagineras-tu rien ?

LA JUIVE.

Que voulez-vous que j'imagine ?

OSMIN.

Je t'ai promis deux cens ſequins, je t'en donnerai quatre cens.

LA JUIVE.

Quatre cens ! Quel homme, & qu'il eſt adroit ! Ne me voilà-t'il pas juſtement dans ſa ſituation? J'étois contente des deux cens ſequins ; à préſent ſi je n'avois pas les quatre cens, je croirois perdre. Voyons & cherchons donc les moyens...

OSMIN.

Crois-tu qu'en piquant leur amour propre & leur jalouſie.....

LA JUIVE.

Oui, il ſera bon d'agacer leur vanité ; mais je crois cependant que Nectabi ne ſe rendra qu'à quelque trait de préférence bien marqué. J'imagine.... Mais la voici qui vient ſans doute ſçavoir votre réponſe : tandis que l'amour va vous la dicter, je cours chez le Cadi, & j'espere que certaine idée, que je n'ai pas le tems de vous expliquer, pourra réussir. *Elle sort.*

SCENE X.

OSMIN, NECTABI.

OSMIN, (*se jettant à ses genoux.*)

AH, Madame, quels termes pourroient exprimer toute la reconnoissance & tout l'amour dont mon cœur est pénétré !

NECTABI.

La Juive vous a donc déja parlé ?

OSMIN.

Vous le voyez à mes transports, & l'espoir dont elle m'a

flatté, confirmé par votre belle bouche, va mettre le comble à mon raviſſement !

NECTABI.

Mais, Oſmin, ne ſuis-je point trop prompte à ceder au penchant de mon cœur ?

OSMIN.

Eh, pourquoi attendriez-vous, Madame ? N'eſt-ce pas aſſez que j'aye à regretter les jours que j'ai paſſés ſans vous connoître ? Peut-on jamais aimer plus que je vous aime !

NECTABI

Il n'y a encore qu'un moment que je vous étois inconnue.

OSMIN.

Poùr vous adorer faut-il d'autre inſtant que celui de vous voir !

NECTABI.

Vous paroiſſiez ſi attaché à Naſſiſſa ?

OSMIN.

Vous l'avez déja eue pour rivale, & l'on ne m'a pas dit que vous ayez craint ſes charmes. Son frere eſt mon ami ; il me fit penſer à elle....

SCENE XI.

OSMIN, NECTABI, NASSISSA.

NECTABI, *en tournant la tête, apperçoit Naſſiſſa qui vient d'entrer.*

QUOI, Madame, vous nous écoutiez ?

NASSISSA.

Non, Madame, j'arrive ; mais ſans vous avoir écoutez, le trouvant à vos genoux, & vous connoiſſant ſi bonne, je puis je crois, penſer qu'il vous remercie.

NECTABI.

Oui, Madame.

NASSISSA.

Il vous a bientôt persuadé son amour, & vous n'avez pas perdu de tems à y répondre.

NECTABI.

Il est vrai, Madame, & je me flatte qu'il n'y aura dans tout ceci de tems perdu que celui que vous aviez employé à tâcher de vous l'acquérir : on est allé chercher le Cadi, il ne dépendra que de vous d'honnorer notre mariage de votre présence.

NASSISSA.

Je compte bien y être, & que le mien se fera en même-tems.

NECTABI.

Le votre, Madame? Mais en vérité on ne doit point se faire un scrupule de vous enlever un amant, puisque vous en avez toujours quelqu'un de reſte pour vous conſoler.

NASSISSA.

J'eſpere que vous ne m'enleverez rien, Madame.

SCENE XII.

OSMIN, NASSISSA, NECTABI, LE CADI, LA JUIVE.

Suite du Cadi. Femmes de Nectabi & de Naſſiſſa.

LE CADI, *tenant un bouquet à la main.*

SAbaunus caïr ola. Comment donc ! Voilà deux fort jolies Veuves ! Aſſan étoit de bon gout. Eh bien, pour laquelle eſt-on venu me chercher ?

NECTABI.

Pour moi.

NASSISSA.

Et pour moi.

NECTABI.

C'eſt moi qu'Oſmin épouſe.

NASSISSA.

Et moi auſſi.

NECTABI *la regardant avec dedain.*

Vous ?

NASSISSA *du même air.*

Oui, moi. J'ai déja connu la ſupériorité de vos charmes, je veux voir s'ils triompheront toujours.

NECTABI.

Je n'aime pas à me compromettre ſi ſouvent. Oſmin, m'épouſez-vous ?

OSMIN.

Puis-je être heureux ſans vous !

NECTABI.

Mais vous n'épouferez que moi ?

OSMIN.

Belle Nectabi, vous fçavez que j'étois engagé à Naffiffa...

NECTABI.

Quoi, Ofmin, vous balancez entr'elle & moi ?

LA JUIVE, *bas à Nectabi.*

Il ne balance point, mais il craint fon frere le Gouverneur, homme puiffant & vindicatif; après les engagemens qu'il avoit pris avec elle, avant de vous avoir vûe, peut-il lui dire plus clairement qu'il n'aime que vous, & qu'elle devroit donc prendre fon parti ?

NECTABI *voulant fortir.*

Eh, laiffe-moi !

LA JUIVE, *l'arrêtant & l'emmenant au coin du Théâtre.*

Je ne vous laisserai point sortir: ce seroit vous trahir.

NECTABI.

Voilà donc les fruits de ta belle entremise !

LA JUIVE

Ma belle entremise ? Ma foi si vous recevez un affront, ne vous en prenez qu'à vous : ai-je dû m'imaginer que vous la craindriez ? Quoi vous voulez qu'elle puisse se vanter d'avoir eu la préférence ?

NECTABI.

Que je suis piquée !

LA JUIVE.

Ce Cadi & ces témoins venus pour vous, serviront à votre rivale ?

NECTABI.

Ah Ciel !

LA JUIVE.

Cette avanture deviendroit dès ce ſoir l'entretien de tous les plaiſans de la Ville. Que l'on en riroit!

NECTABI.

A quoi me ſuis-je expoſée !

LA JUIVE.

Eh ! c'eſt elle qui s'expoſe à être encore humiliée & délaiſſée, comme elle l'étoit de votre premier mari.

NECTABI.

Non, car Oſmin l'aime.

LA JUIVE *hauſſant les épaules.*

Il l'aime.... Il l'aime... Ecoutez, avez-vous véritablement de l'inclination pour lui ?

NECTABI.

Ah ! Je ſens qu'il eſt à mon cœur plus cher encore que je ne croyois.

LA JUIVE.

Epouſez-le donc, & je vous

promets que ce ſoir les ris, les jeux & les amours regneront dans votre appartement, tandis que Naſſiſſa, ſeule dans le ſien, n'aura au plus que la compagnie de ſes femmes, & de quelques vieilles parentes ; ſerez-vous ſatisfaite? Sera-t'elle humiliée ?

NECTABI.

Tu me tromperois ?

LA JUIVE.

Je vais vous amener mon garand. (*Elle va à l'autre coin du Théâtre chercher Oſmin qui s'entretient avec Naſſiſſa, & en l'amenant à Nectabi, elle lui dit bas.*) Nectabi ſe rend : promettez-lui ſeulement que dès ce ſoir, par la préférence la plus marquée que vous puiſſiez lui donner ſur ſa rivale, elle connoîtra qu'elle eſt, & qu'elle ſera toujours la favorite.

OSMIN *bas à la Juive.*

Mais Naſſiſſa ?

LA JUIVE *bas à Oſmin.*

Promettez toujours, & ne vous inquiétez pas. (*au Cadi, tandis qu'Oſmin parle à Nectabi.*) Eh bien Seigneur Cadi, vous n'écrivez point ?

LE CADI.

Eſt-on d'accord ?

LA JUIVE.

Sans doute.

LE CADI *s'avançant vers Oſmin.*

J'en ſuis bien aiſe. Heureux Oſmin, recevez donc le bouquet de nôces : ma foi, plus je les conſidére l'une & l'autre, & plus je ſerois embarraſſé ce ſoir à laquelle le donner.

LA JUIVE, *à part, après avoir préſenté à Oſmin la coupe nuptiale & tandis qu'on fait certaines cérémonies en uſage chez les Turcs.*

Il faut à préſent trouver le

moyen de tenir parole à Nectabi, ſans trop revolter Naſſiſſa ; l'article eſt délicat... Je penſe... Non... Mais... Cette coupe... Oui... Cette idée me rit... Riſquons-là (*emmenant Naſſiſſa d'un air miſtérieux à un coin du Théâtre.*) Je viens de jouer un bon tour à Nectabi.

NASSISSA.

Comment ?

LA JUIVE.

Vous allez rire.

NASSISSA.

Qu'as-tu fait ?

LA JUIVE.

Elle ſera bien attrapée.

NASSISSA.

Oh tu m'impatientes. Explique-toi donc.

LA JUIVE.

Vous avez vû que c'eſt moi qui ai préſenté la coupe nuptiale à Oſmin ?

NASSISSA.

Eh bien?

LA JUIVE.

J'y avois jetté (vous allez rire, vous dis-je) j'y avois jetté une certaine recette qui non-ſeulement l'aſſoupira, l'endormira, mais qui le rendra pour cette nuit abſolument inhabile aux plaiſirs de l'hymen...

NASSISSA.

Eh de quoi te mêles-tu, ſcélérate!

LA JUIVE.

Comment? J'ai cru vous obliger.

NASSISSA.

M'obliger! M'obliger! Voilà en vérité une belle façon d'obliger une femme!

LA JUIVE.

Oh, écoutez-moi donc juſqu'au bout. Il faut qu'en un moment,

ment, devant Nectabi, d'un air badin & cependant ironique & avantageux, vous disiez à Osmin que vous voulez pour cette nuit faire les honneurs de sa personne, & le céder à votre rivale.

NASSISSA.

Ce n'est pas qu'on se soucie de certaines choses, mais, Juive maudite, je ne voulois point du tout le lui céder.

LA JUIVE.

Il sera donc avec Nectabi... sans y être. Elle est haute, elle est vaine, elle est fiere ; jugez de sa honte, de son dépit & de sa rage. Peut-être même qu'Osmin l'accusera de son désastre, & s'en dégoutera entiérement. Etes-vous au fait à présent ?

NASSISSA.

Oui, je suis au fait de votre impertinence.

LA JUIVE.

La nuit d'après celle-ci, qui sera la votre, les choses n'en iront que mieux ; ce sera un Diable, ou plutôt un Ange.

NASSISSA.

Je ne goûte point vos tours, & il faut être bien impudente pour oser se présenter chez d'honnêtes femmes quand on a de pareilles recettes.

LA JUIVE, *s'éloignant de Nassissa.*

Prenez, prenez garde ; je vois que Nectabi s'approche pour nous écouter.

NECTABI *à la Juive qui s'est approchée d'elle à l'autre coin du Théâtre.*

Il semble qu'elle te gronde ?

LA JUIVE.

A peu près. Je viens de lui annoncer ce qu'Osmin vous a promis ; elle est outrée !

NECTABI *avec un tranſport de joye.*

En vérité ?

LA JUIVE.

En vérité : on le ſeroit à moins un jour de nôces, & je vous avoue que la douleur qui l'a ſaiſie d'abord, commençoit à me toucher, lorſque je n'ai pû m'empêcher de rire du parti qu'a bientôt pris ſon orgueil : le devineriez-vous ? Elle veut d'elle-même prévenir le choix d'Oſmin, & que la préference qu'il vous donne ce ſoir ne paroiſſe qu'un arrangement fait à ſa priere.

NECTABI.

Quoi, elle le priera de...... Ah cela eſt fort plaiſant !

LA JUIVE.

Fort plaiſant !

LE CADI *apportant le Contrat.*

Voilà le Contrat. Il ne reſte plus qu'à le ſigner. (*Oſmin & Nectabi ſignent.*)

LA JUIVE *faiſant avancer Naſſiſſa pour ſigner.*

Soyez donc gaye.

NASSISSA.

Scélérate.

LA JUIVE.

Allez-vous babiller ?

NASSISSA.

Avec tes beaux ſecrets, ſi tu remets jamais les pieds chez moi, tu verras. (*Elle ſigne.*

LE CADI *en s'en allant avec ſa ſuite, après que les Contrats ſont ſignés.*

Acham haër la.

SCENE DERNIERE.

OSMIN, NECTABI, NASSISSA, LA JUIVE.

Femmes de Nectabi & de Nassissa.

LA JUIVE *à Osmin.*

VOus êtes au comble de vos vœux : cependant je vous vois inquiet : vous les regardez tour à tour : l'heure approche, & vous craignez sans doute de mécontenter l'une ou l'autre : eh bien, je vous annonce que la généreuse Nassissa veut vous tirer d'embarras.

NASSISSA *à part.*

Perfide !

LA JUIVE, *prenant le Bouquet des mains d'Osmin, & le donnant à Nectabi.*

Elle consent que pour aujourd'hui ce Bouquet passe entre les mains de Nectabi.

NASSISSA *à part.*

La méchante femme! Mais que faire? Contraignons-nous.

LA JUIVE, *à Nectabi.*

Par cette prévenance, elle est bien aise de vous marquer combien elle souhaite que vous soyez amies.

NECTABI *d'un ton railleur.*

Eh qui n'aimeroit pas Madame!

LA JUIVE

Allons, embrassez-vous.

NECTABI.

De tout mon cœur. (*Elles s'embrassent.*)

LA JUIVE *à Osmin.*

Embrassez les aussi, Seigneur Osmin.

OSMIN *les embrassant & les emmenant.*

Que je suis heureux !

LA JUIVE *aux Spectateurs.*

Quoique j'aye dit, vous croyez bien qu'il ne s'endormira pas, & je vous souhaite à tous une aussi bonne nuit.

Fin des deux Parties.

www.ingramcontent.com/pod-product-compliance
Ingram Content Group UK Ltd.
Pitfield, Milton Keynes, MK11 3LW, UK
UKHW021139260726
13994UKWH00001B/218

9 782329 347066